LOGROS
EXTRAORDINARIOS DE LA
HUMANIDAD

© 2023, Editorial LIBSA
C/ Puerto de Navacerrada, 88
28935 Móstoles. Madrid
Tel. (34) 91 657 25 80
e-mail: libsa@libsa.es
www.libsa.es

ISBN: 978-84-662-4196-0

Textos: Alberto Jiménez García
Ilustración: Shutterstock images y GettyStock / Archivo Libsa
y equipo editorial LIBSA
Edición: equipo editorial LIBSA
Maquetación: Alberto Jiménez García
Diseño de cubierta: equipo de diseño LIBSA

DL: M 20282-2022

LOGROS
EXTRAORDINARIOS DE LA
HUMANIDAD

ALBERTO JIMÉNEZ GARCÍA

LIBSA

CONTENIDO

EL LARGO VIAJE
DE LA *KON TIKI*

UNA CARRERA
HACIA EL
EVEREST

56 — 58

LINDBERGH:
CRUZAR EL ATLÁNTICO

52

VIAJE AL ABISMO
CHALLENGER

62

GAGARIN, PRIMER
HOMBRE EN
EL ESPACIO

66

LOS HUMANOS...
¡LLEGAN A
LA LUNA!

68

LA TUMBA DE
TUTANKAMÓN

50

SHACKLETON:
FRACASO Y
ÉXITO EN EL
POLO SUR

46

FOSSEY, VIVIR
ENTRE GORILAS

72

PRIMERA VUELTA
AL MUNDO EN
SOLITARIO

74

LA GRAN CARRERA
HACIA EL POLO SUR

42

LA ESTACIÓN
ESPACIAL
INTERNACIONAL

76

DE GRAN BRETAÑA A
FRANCIA... ¡A NADO!

40

EL SALTO MÁS
GRANDE AL VACÍO

78

ÍNDICE

80

PRESENTACIÓN

Estimado lector.

Aunque no lleves demasiado tiempo en este mundo, ¡tampoco eres un novato! Ya sabes que hasta hace no tanto **nuestros ancestros** vivían en cuevas, vestidos con pieles de animales (los que tenían suerte). Con el tiempo, las cosas han mejorado: la mayoría vivimos en cómodas casas, cada mañana eliges qué ropa ponerte antes de ir al colegio y, lo mejor de todo, has llegado a tener **este libro entre tus manos**.

Aquí te contamos cómo hemos ido recorriendo, como especie, este camino. Los humanos coleccionamos un buen historial de logros. Los que presentamos no son tanto avances técnicos -aunque también- sino **hazañas** que dan medida del carácter de nuestra especie. Porque si algo nos define es nuestra vocación de **ir más allá**, de no conformarnos. Los gorilas siguen siendo gorilas desde siempre, y no tienen necesidad de más. El *homo sapiens* -nosotros- no ha dejado de avanzar, de ir más allá. El porqué se esconde entre nuestros **millones de genes**.

Te hablaremos de gestas documentadas, que han dejado huella escrita y de las que los historiadores dan fe. Empezamos con viajes aparentemente sencillos, que solo requieren de una mochila y un primer paso, como el de **Xuanzang**, un histórico viajero que recorrió decenas de miles de kilómetros en busca de... conocimiento, tan solo (¡y nada menos que!) eso. Y acabamos con la puesta en marcha de la **Estación Especial Internacional**, algo muy distinto, no solo

¡QUIERO IR MÁS ALLÁ!

por su complejidad técnica, sino porque supone un éxito en la colaboración de miles de personas de diferentes países.

Entre medias, aquellos que arriesgaron sus vidas en viajes impensables, como **Colón, Magallanes** y **Elcano**; mujeres valientes, como **Jeanne Baret**; pioneros de las alturas, como los hermanos **Montgolfier** o **Charles Lindbergh**, que se movieron por los cielos como pájaros; periplos por el globo como los de **Humboldt** o **Darwin**, impulsados por la curiosidad científica; expediciones a lugares míticos, como las de **Speke, Burton** o **Livingstone** por el África más desconocida: héroes de la exploración polar como **Shackleton, Amundsen** o **Scott**, quienes vivieron experiencias al límite en un continente extremo, blanco y oscuro como solo la Antártida puede ser; viajes por pura cabezonería y orgullo, como el de **Thor Heyerdahl** y su *Kon Tiki* o el de **Matthew Webb** nadando a través del Canal de la Mancha; experiencias poéticas y solitarias, como las de **Robin Knox-Johnston** o **Dian Fossey**, que seguro te inspirarán. Y, por supuesto, la conquista de lo más lejano (la **Luna**), lo más alto (el **Everest**) o lo más bajo (el **abismo Challenger**), puntos que siempre nos han apasionado y cuya búsqueda ha generado alguna de las páginas más conocidas de la historia de la Humanidad.

¿Qué nos deparará el futuro? ¡Quién sabe! Si algo vas a aprender con este libro es que siempre nos creamos nuevos retos, como **Baumgartner** y su gran salto. Solo hace falta que alguien se lo plantee. Y quién sabe: ese alguien **podrías ser tú**.

Somos aventureros

XUANZANG, el viajero incansable

¡MUNDO, ALLÁ VOY!

UN VIAJE POR CULTURA

A menudo, tenemos asociados los grandes viajes como expediciones complejas, que requieren de una gran preparación y de una buena cantidad de dinero. Sin embargo, los hay tan sencillos que solo dependen de **una mochila y un primer paso**. Son los viajes como los de Xuanzang, uno de los primeros exploradores de los que tenemos noticia. Su principal interés era aumentar su conocimiento, **su cultura**. ¡Merece la pena conocerlo mejor!

¡VIAJAR ES CONOCER!

EL INICIO

Desde muy pequeño, Xuanzang (que había nacido en China en el año 602) tuvo claro lo que quería ser: un monje budista. Le atraía todo lo relacionado con esta doctrina que te ayuda a mejorar en la vida. Como en China no había mucha información, decidió viajar a donde mejor conocían el budismo: a la India.

Por entonces, los chinos solo podían salir de su país con un permiso especial. Como Xuanzang no lo conseguía, decidió salir de China de manera clandestina. Cuando se enteraron, ¡lo persiguieron!

POR EL DESIERTO

Para llegar a la India tomó parte del la **Ruta de la Seda**, un camino a menudo desolado y peligroso, en el que solo abundaban los ladrones. Primero tuvo que atravesar el gran **desierto de Gobi**. Se perdió y llegó a estar hasta cinco días sin comer ni beber… ¡así que estuvo al borde de la muerte! Antes de llegar a la India pasó por la bella Samarcanda y por Cachemira, donde contactó con unos monjes budistas que pronto se dieron cuenta de su valía.

BUDA SE PUSO A MEDITAR BAJO UNA HIGUERA, QUE SE LLAMA ÁRBOL DE BODHI

MUCHOS KILÓMETROS

Cuando volvió a China, Xuanzang había acumulado en sus piernas cerca de 60 000 km. ¿Crees que algún día podrás hacer algo parecido?

CONSECUENCIAS

Xuanzang se ganó un enorme prestigio entre los monjes budistas indios, por su claridad de pensamiento y la facilidad con la que explicaba las **doctrinas de Buda**. Quince años después regresó a China, con centenares de textos budistas que él mismo se encargó de traducir. Su viaje cultural le cambió la vida a él… ¡Y a cientos de millones de personas que se han acercado al budismo! ¡Viajar es conocer!

MARCO POLO y las maravillas del mundo

SAIN UU, KUBLAI!

EL MUY, MUY LEJANO ORIENTE

En nuestros días nos llegan muchas noticias de China y todo el **Lejano Oriente**. Pero hubo un tiempo en que, para Europa, todo aquello era como Marte: se sabía que existía, ¡pero poco más! Todo empezó a cambiar a finales del siglo XIII, cuando un **joven viajero** nacido en Venecia se sumó a las expediciones comerciales que su padre y su tío realizaban en Asia. Este joven pasó 17 años al servicio del emperador de lo que hoy es Mongolia y China, **Kublai Kan**. A su vuelta, escribió un libro muy popular contando sus experiencias. Este hombre se llamaba Marco Polo.

¡ENORME!

Este imperio fue el más extenso de su tiempo. El gran Gengis Kan lo inició en 1206 y en menos de un siglo iba del este de Europa al este de China.. ¡Más de 7 000 km!

CIAO, MARCO!

UN VIAJE INOLVIDABLE

Marco Polo tardó **tres años** en llegar de Venecia a Pekín (de 1271 a 1274). Por el camino, pasó por multitud de aventuras en Oriente Medio y Persia, y disfrutó de las noches durmiendo a la intemperie en el desierto. Pero para él lo mejor fue llegar a **Xanadú**, la residencia de Kublai Kan en verano y disfrutar de su lujo y su belleza. Desde entonces, se utiliza Xanadú como sinónimo de un lugar exótico y misterioso.

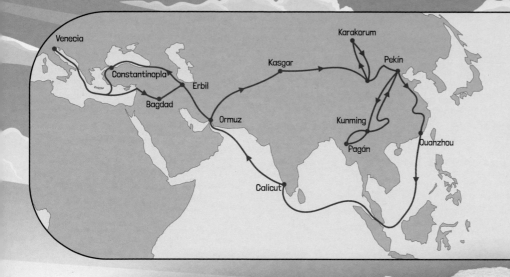

Venecia
Constantinopla
Bagdad
Erbil
Ormuz
Karakorum
Kasgar
Pekín
Kunming
Pagán
Quanzhou
Calicut

Marco Polo realizó un viaje de más de 20 000 km, la mayoría de ellos por tierra. Y fue, posiblemente, el primer europeo, en nombrar a Cipango, que era como se conocía antes a Japón. ¡Pero no llegó allí!

UNA CÁRCEL PROVECHOSA

Marco Polo regresó de Oriente en 1295. Volvió a Venecia, ya rico, y se hizo famoso por su gran viaje. Pero, al parecer, **cayó preso** en Génova –la ciudad enemiga de la época- y pasó cerca de dos años en una cárcel. Allí conoció al escritor **Rustichello de Pisa**. Y, ya que no tenían mucho más que hacer... ¡Le dictó todo su extenso viaje! El libro se tituló, en un principio, *El millón*, pero hoy se conoce más como *El libro de las maravilllas* o *Los viajes de Marco Polo*. ¡Se hizo famosísimo!

1295 - RITORNO DI MARCO POLO DALLA CINA
CHINA
ITALIA 1250

LO QUE CAMBIÓ

Hay quien piensa que Marco Polo adornó su viaje **con fantasías**. Pero lo que resulta indudable es que su viaje abrió definitivamente las puertas al comercio con el hasta entonces muy desconocido Lejano Oriente. La leyenda dice que Marco Polo trajo algunos productos de China, entre ellos los helados, la piñata y la pasta. Y futuros grandes viajeros, como Cristóbal Colón, quedaron hechizados por su relato.

Europe

Asia

ZHENG HE, todo un Simbad el marino

¡UFFF, SIEMPRE COMPARÁNDOME CON EL MISMO!

EL GRAN ALMIRANTE

En el siglo XV, China ya era un país grande (aunque no tanto como ahora). Sin embargo, apenas exploraba más allá de sus fronteras, porque se imponía la doctrina de Confucio, que decía que los **valores chinos** no debían llegar por el comercio y el intercambio de riquezas con los extranjeros. Pero el tercer emperador de la dinastía Ming no estaba muy de acuerdo con eso. Así que en 1405 nombró a Zheng He almirante de una **flota de barcos legendaria**, que se dedicaría a la búsqueda de riquezas y conocimientos.

¡MÁNDAME MUCHAS POSTALES!

EMPERADOR YONGLE

Zheng He era chino, pero de religión musulmana. También era eunuco, un grupo que servía fielmente al emperador Yongle. ¡Así que el emperador dio mucho poder a Zheng He! En concreto, le puso al mando de la **Flota del Tesoro**, con la que iba a realizar siete viajes míticos por el océano Pacífico y por el Índico. Barcos mucho más grandes que los europeos de aquella misma época.

NANKÍN
Era la capital entonces, situada en el delta del río Yangtsé. Zheng He siempre zarpaba desde allí.

ESTRATEGA

Zheng He era todo un experto en las artes de la guerra, la estrategia y la diplomacia. Dicen que tenía una figura imponente: algunos afirmaban que medía dos metros de altura, con una voz profunda y retumbante. Sus grandes dotes de mando y persuasión fueron claves para que China consiguiese comprar y vender productos por todos los mares.

CURIOSO SOUVENIR

A lo largo de sus siete viajes, Zheng He y sus marineros pudieron ver cosas asombrosas. Una de las experiencias más impresionantes para ellos fue llegar a África y conocer los animales de aquel mítico continente. Les maravillaron en especial **las jirafas**, tanto que embarcaron una y la llevaron hasta la corte. ¡En la capital no se podían creer la imagen que tenían ante ellos!

SU RECUERDO

El almirante Zheng He falleció en el **séptimo de sus grandes viajes**, y su cuerpo fue arrojado con honores en el mar que tanto amó. Solo se conservaron sus zapatos y una brizna de sus cabellos. Después de su muerte, China abandonó la conquista de los océanos y se replegó hacia sus fronteras. En la actualidad, China es de nuevo una superpotencia y Zheng He, un héroe **muy popular**.

Oceanó

CRISTÓBAL COLÓN llega a América

CIENCIA APLICADA A LOS VIAJES

A finales del siglo XV se afianzaba el **Renacimiento** en Europa. Y el Renacimiento consistía en devolver al hombre la capacidad de razonar e investigar (o, al menos, algo más que durante la Edad Media). Entre esas nuevas inquietudes se hallaba la exploración, sobre todo desde que se empezó a aceptar que la Tierra era... ¡redonda! Parece una tontería, pero la mayoría de la población sin estudios, si les hubieran preguntado, ¡habrían dicho que era plana! Uno de los hombres más influenciados por esa teoría se llamaba **Cristóbal Colón**: un navegante con una atrevida idea en la cabeza...

NECESITO PRUEBAS.

MAJESTAD, LA TIERRA NO ES PLANA.

UNA VISITA REAL

Colón buscaba **financiación** para su idea. En un principio la buscó en el rey de Portugal, hacia 1484... ¡Pero le dijo que no! Así que se fue al país vecino, España. Allí los **Reyes Católicos** no le decían ni que sí, ni que no... Le fueron dando pretextos para retrasar su resolución, hasta que Colón se puso firme en Granada en 1491, cuando los reyes estaban a punto de expulsar a los árabes de la península ibérica. Y les dijo que, o se decidían ya, o iba a ver al rey de Francia. Mmmhhh, ¿qué pasaría?

Lo que quería Colón era llegar hasta la misteriosa Cipango, lo que hoy llamamos Japón. Era el extremo más oriental de las muy poco conocidas Indias Orientales. Por eso llamaban a esa región las Indias Occidentales.

¡ADELANTE!

Al final, Colón y la reina Isabel de Castilla se entendieron y el navegante consiguió su apoyo, que quedó por escrito en un texto que se llamó Capitulaciones de Santa Fe, por el lugar donde se firmaron. Los reyes de Castilla y Aragón se comprometían a darle tres barcos y una parte importante de los beneficios... Si los hubiera, porque en las aventuras... ¡nunca se sabe!

CRISTÓBAL COLÓN
1451–1506
Se cree que nació en Génova (Italia), aunque existen numerosas versiones.
Su nombre en latín era Christophorus Columbus.

EL DATO

Colón creía que la circunferencia de la Tierra (lo que mide dando la vuelta por el ecuador) era de 30 000 km. ¿Por cuánto se equivocaba?

La circunferencia de la Tierra es de 40 091 km. Por lo tanto, a Colón le faltaban más de 10 000 km para completar su estimación.

LOS CÁLCULOS DE COLÓN

Colón había estudiado a científicos y navegantes (isobre todo, a Marco Polo!) y estimaba que, de las islas Canarias a Cipango habría unos 4 300 km. Un **viaje largo** para la época, pero asequible con unas buenas provisiones de comida. La expedición contaría con unos 90 hombres, repartidos en los tres barcos. La nave principal era una nao, la *Santa María* y luego dos carabelas, la *Pinta* y la *Niña*. Podían recorrer unos 130 km al día, ¡mucho para la época! Pero... **¿sería suficiente?**

Lo consiguió...

¡A POR TODAS!

Las naves salieron de España desde el **Puerto de Palos** el 3 de agosto de 1492. Todos iban ilusionados pensando en llegar a las Indias Orientales por una nueva vía... Y con las **riquezas** que conseguirían gracias a las especias. Allí abundaban y en Europa eran... ¡carísimas! En un mes llegaron a las islas Canarias. Hasta ahí, todo iba según lo previsto...

Niña

Santa María

Pinta

PUES TIERRA NO, PERO AGUA... ¡LO QUE QUERÁIS!

¡PACIENCIA!

A mediados de septiembre, la expedición llegó al mar de los Sargazos, en medio del Atlántico, repleto de algas que redujeron el ritmo del viaje. ¡La tierra tardaba en aparecer y cada vez quedaba **menos paciencia**! Sí, alguna que otra ave volando habían llegado a ver, pero... ¡No era suficiente!

... ¿Cómo?

¡EH, MIRAD, MIRAD!

¡NOS VOLVEMOS!

A principios de octubre, el asunto pintaba mal. Llevaban más de 5 000 km y ni rastro de tierra. El **hambre** comenzaba a aparecer: la comida se pudría y olía tan mal dentro de las naves que los marineros preferían dormir a la intemperie. El 10 de octubre los marineros dieron un plazo de unos pocos días para volver si no avistaban una costa... Un día vieron **vegetación flotando**... Pero ellos querían tierra. ¿Aguantarían?

Colón llegó a realizar otros tres viajes a América, además del primero.

1492-1493
1493-1496
1502-1504
1498-1500

¡TIERRA!

En el amanecer del 12 de octubre apenas quedaban ya fuerzas o ganas para seguir adelante. Colón había prometido una importante cantidad de dinero para quien lograse divisar tierra primero. Y cuando el sol estaba a punto de salir, un marinero gritó: «¡TIERRA, TIERRA!». Y no era una alucinación. Ese marinero se llamaba Rodrigo de Triana, y había visto una pequeña isla del mar Caribe, llamada Guanahaní (aunque ellos creían estar en el oriente de Asia).

UNA LLEGADA PARA CAMBIAR EL MUNDO

Colón fue el primero en bajar a la isla y «tomar posesión» de ella para los monarcas españoles. En las semanas siguientes fueron llegando a otras islas del Caribe. En la que llamaron La Española construyeron un fuerte con los restos de la *Santa María*, que había encallado. La *Pinta* y la *Niña* volvieron a principios de 1493, y llegaron a la península ibérica cada una por su lado. La primera fue la *Pinta*, que el 28 de febrero llevó la noticia del Descubrimiento a Europa. La historia de la humanidad había dado **un giro tremendo** y multitud de expediciones, riquezas y desgracias se sucederían desde entonces. Pero aún quedaban años para que se diesen cuenta de que esas tierras eran un nuevo continente... **¡América!**

La PRIMERA VUELTA al mundo en BARCO

AVENTURA Y RIQUEZAS

¿Cómo era el mundo a principios del siglo XVI? Pues redondo, como ahora, claro. Pero «recién redondeado», podríamos decir, ya que hasta el viaje de Colón nadie había demostrado –y a medias, en realidad– que la Tierra **era redonda**. ¡Y aún había quien creía que mar adentro campaban monstruos marinos gigantes! Pero un experimentado marino portugués, Fernando de Magallanes, creía que se podía dar la vuelta al mundo y, además, ¡ganar **mucho dinero**! Eso sería gracias a las nuevas rutas comerciales con las Indias. Aventura y riquezas, ¿suena bien, no?

¡FUERA DE AQUÍ!

¡A MIS BRAZOS, VISIONARIO, GENIO!

El caso es que Magallanes tenía entre ceja y ceja hacer ese gran viaje, pero se enemistó con **Manuel I**, rey de Portugal -que lo acusaba de corrupto- y decidió probar suerte en España. Allí el rey **Carlos I** decidió financiar toda la expedición. Quería llegar a las **islas Molucas** -donde abundaban las especias- por esa nueva ruta. Así que lo nombró almirante y le proporcionó cinco barcos.

THE WEST IS THE BEST!

LAS RAZONES DEL PLAN

El plan de Magallanes era similar al de Colón: llegar a las **Indias Occidentales** navegando hacia el oeste. España y Portugal habían firmado en 1494 el **Tratado de Tordesillas**, que decía que los españoles no podían ir hacia Asia navegando hacia el este, es decir, por África. Pero como **Vasco Núñez de Balboa** había visto el océano Pacífico en 1513, se creía posible hacer ese trayecto, rodeando América. ¡Solo para valientes, eso sí!

ADIVINA

¿Qué son el clavo, la cayena, el cardamomo, la canela, el cilantro, el comino, la cúrcuma, la vainilla y la nuez moscada?

¡una millonada!

Son especias, que en aquellos tiempos valían...

MAL HUMOR

Así que el 20 de septiembre de 1519, los barcos se echaron al océano Atlántico desde Sanlúcar de Barrameda. Las naves eran cinco: la *Trinidad*, la *San Antonio*, la *Concepción*, la *Victoria* y la *Santiago*. Magallanes era el capitán general de la expedición y gobernaba la Trinidad. Los otros cuatro barcos los capitaneaban marinos españoles. Y parece que la relación que tenían con Magallanes... ¡no era nada buena!

¡PORTUGUÉS!

@#%! @#%! @#%! @#%!

Muchas dificultades...

UN VIAJE COMPLICADO

La expedición tuvo un problema tras otro. ¡Fue como una auténtica película! Las malas relaciones con Magallanes provocaron varios **motines, arrestados y muertos**. Como, pasados unos meses, no lograban «atravesar» América, tuvieron que racionar la comida y apareció el hambre. Frente a las costas de la Patagonia, la *Santiago* naufragó en mayo de 1520. En noviembre, la *San Antonio* se rebeló y volvió a España. Eso fue justo antes de que, al fin, encontrasen el «estrecho de Todos los Santos» (hoy conocido como **estrecho de Magallanes**) y llegasen al océano Pacífico. Una alegría, ¡pero aún quedaba mucho!

HAMBRE Y MÁS HAMBRE

Los tres barcos restantes pasaron tres meses sin ver tierra. ¡Imagínatelo! Apenas quedaba comida y la que quedaba estaba llena de **gusanos y orina de ratas**. Los marineros se comían las velas, el cuero, el serrín de la madera... ¡Y el agua dulce estaba podrida! El mayor manjar que quedaba era... ¡la carne de las ratas! Se pagaba una fortuna por un trozo de ellas... El **escorbuto**, una grave enfermedad, se extendió entre todos.

La navegación marítima era muy complicada. Solo contaban con la brújula, el **astrolabio** o el cuadrante, este para calcular la **latitud** (distancia con respecto al ecuador).

¿Llegarán?

MÁS PROBLEMAS

Pero, ¡ay!, por fin llegaron a las islas Marianas en marzo de 1521, y poco después, a las islas Filipinas. Y allí pudieron saciar su hambre, gracias a los nativos de la zona. Magallanes quiso cristianizarlos y entabló amistad con unos y se enemistó con otros... Y en una batalla cayó muerto. Al jefe que lo sustituyó lo envenenaron los nativos en una invitación con trampa. Además, la nave *Concepción* estaba en tal mal estado que tuvieron que abandonarla. La *Trinidad* iba a regresar por el Pacífico, pero tuvo que pedir ayuda a los portugueses y fue apresada. Solo quedaba la *Victoria*, a cuyo frente estaba Juan Sebastián Elcano.

En realidad, se piensa que el primero que completó la vuelta al mundo sería Enrique el Negro, un esclavo que formaba parte de la tripulación de Magallanes, y que posiblemente fuera originario de Filipinas.

—— Magallanes
- - - - Elcano

¡YO FUI EL PRIMERO!

VUELTA A CASA

La nao *Victoria* se cargó de especias en las Molucas, su objetivo principal. Ahora había que volver, en teoría por donde habían venido para no entrar en zona portuguesa. Sin embargo, Elcano aprovechó el **monzón** y decidió seguir hacia el oeste; así evitaba los puertos dominados por los portugueses. El 6 de septiembre de 1522, tres años después de zarpar desde ese mismo puerto, 18 hombres llegaron a Sanlúcar. Habían partido 238. Una nave los remolcó por el río Guadalquivir hasta Sevilla, ¡donde fueron recibidos como **héroes**!

FERDINANDVS MAGELLANVS AVXILIVM EIVS COMPANIONEM HENRICVS NIGRVM
MOMENTVM CENTER

JAMES COOK, explorador del Pacífico

LA «TERRA AUSTRALIS»

Hubo un tiempo en el que, en Europa, todo lo que quedaba muy al este (o al oeste) estaba **rodeado de misterio**. Igual sucedía con lo que estaba muy al sur. Así que lo que quedaba lejos y al sur... ¡¡¡Era SUPERMISTERIOSO!!! Desde la época de los egipcios se creía que había un continente al sur del planeta (para equilibrar la Tierra, decían), al que llamaron *Terra Australis*. Nadie sabía en realidad muy bien qué había más allá de las **Indias Orientales**. El capitán inglés James Cook fue quien más hizo para poner orden en ese lío.

Desde joven (nació en 1728), James Cook destacó como marinero. Lo suyo era el mar, tenía un talento innato para navegar... ¡y hacer mapas! Es lo que se llama «cartografiar». Y lo llamaron para hacer mapas de la costa de Canadá, con tanto éxito que, en 1766, la Royal Society –la sociedad científica más prestigiosa de la historia– lo contrató para llevar un barco con científicos a observar las órbitas de los planetas... ¡Nada menos que en Tahití! El rey Jorge III pagó gran parte de esos viajes.

TÚ DESCUBRE, QUE YO ME LO QUEDO.

PRIMER VIAJE 1768-1771

Cook zarpó al mando del *HMS Endeavour* rumbo a Tahití para observar la órbita de Venus respecto al Sol y así conocer mejor la distancia entre la estrella y los planetas del Sistema Solar. Una vez conseguido, siguió navegando para descubrir y cartografiar **tierras del Pacífico**. Fue el primer europeo que llegó a la costa este de Australia.

SEGUNDO VIAJE 1772-1775

En esta ocasión, al mando del *HMS Resolution*, su principal misión era averiguar si existía la *Terra Australis*. Y dejó claro que **Australia era un continente** por sí solo y que si existía otro debía ser más al sur (la Antártida, aunque no llegó a verla). Cruzó por primera vez el Círculo Polar Antártico y descubrió numerosas islas.

TERCER VIAJE 1776-1780

De nuevo a bordo del *HMS Resolution*, esta vez descubrió las islas Hawái, donde fue recibido –y tratado– como un dios. Luego cartografió la costa oeste de Norteamérica, intentó cruzar el estrecho de Bering (sin éxito) y regresó a Hawái. Esta vez, los indígenas **no fueron tan cándidos**. Hubo más de un problema y en una lucha, Cook fue asesinado. Tenía 50 años y era el marinero más famoso del mundo.

AVANCES

El legado de Cook no fue solo el descubrimiento, por parte de los europeos, de nuevas tierras y rutas comerciales con las Indias Orientales, sino el avance en numerosas cuestiones científicas y cartográficas. En sus viajes se recogieron más de 3 000 plantas desconocidas, se clasificaron cientos de nuevas especies animales y se progresó en astronomía, geografía y hasta en alimentación.

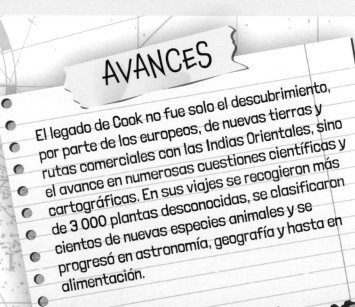

JEANNE BARET, primera mujer alrededor del mundo

UNA BOTÁNICA POR ACCIDENTE

El siglo XVIII fue el **siglo de la Ilustración**, de la pasión por descubrir y comprender. Y es que no siempre había sido así. Todos los países organizaban sus expediciones, y en Francia fue famosa la del marqués de Bougainville, quien recibió el encargo de dar la vuelta al mundo. Llevaba, por supuesto, un gran botánico: Philibert Commerson. Y este científico estaba enamorado –**en secreto**, puesto que era su ama de llaves– de Jeanne Baret. Y como no querían separarse, Baret se disfrazó de hombre y zarpó con ellos a conocer los siete mares. En aquella época no permitían a las mujeres navegar en los barcos de guerra.

3.

3. Gemeine Pistacie
(Pistacia vera).

HUMILDE... PERO MUY LISTA

Baret era de una familia muy humilde y no tenía estudios. Sin embargo, desde joven intentó instruirse y aprender de cualquier persona y en cualquier sitio. Commerson, su pareja, le enseñó muchos de los secretos de la botánica y ella absorbió esos conocimientos... ¡como una esponja! Ya durante el viaje, Commerson pasó mucho tiempo enfermo y fue Jeanne quien más se dedicó a recoger y clasificar plantas. ¡Tal era su pasión!

¡YO PUEDO!

EL VIAJE

Dos barcos (*Boudeuse* y *Étoile*) partieron de Francia a finales de 1766. Tomaron rumbo oeste para llegar a Sudamérica. En Brasil recogieron un ejemplar de una bella planta, a la que llamarron BUGANVILLA, en honor del capitán. Cruzaron el Pacífico y llegaron hasta Tahití, un lugar que fascinó a todos.

DISFRAZ AL DESCUBIERTO

Aunque ya se escuchaban rumores a bordo, para los tahitianos resultó evidente que Baret -que a bordo se hacía llamar «Jean» - era una mujer. Aunque se había ganado el **respeto de todos** por su dedicación y fortaleza, tanto ella como Commerson quedaron señalados.

Ya en el océano Índico, cuando llegaron a la isla Mauricio, decidieron quedarse en ese **pequeño paraíso**. Pero Commerson murió allí pocos meses después.

LA PRIMERA

Baret rehízo su vida en Mauricio. Fue capaz de sacar adelante distintos negocios y se casó con un oficial francés. Ambos regresaron a Francia hacia 1775. Nada más llegar a París... ¡Se había convertido en la PRIMERA MUJER EN DAR LA VUELTA AL MUNDO!

#1 NUMBER ONE

VON HUMBOLDT, naturalista de América

¡ME GUSTA DESCUBRIR!

Si hoy queremos saber algo sobre una planta, un animal, sobre cualquier cosa de la naturaleza… Hay mucho donde consultar. Sin embargo, hace no tanto, el mundo natural era… **¡todo un lío!** Apenas existía investigación e información, y mucho menos, orden. Además, la mayoría de lo que se sabía se limitaba a Europa. ¿Qué pasaba con América, el Nuevo Continente (ya no tan nuevo)? A principios del siglo XIX, el **naturalista alemán** Alexander von Humboldt decidió que había mucho por hacer, y que él se iba a poner manos a la obra. Hizo su maleta, y ¡a viajar!

Cuando llegó hasta la costa de Venezuela, Humboldt no sabía a dónde mirar. Todo le resultaba MUUUY FASCINANTE.

UN LARGO VIAJE

Humboldt viajó **primero a España** para pedir un salvoconducto al rey Carlos IV, con el que viajar libremente por Centro y Sudamérica. En junio de 1799 zarpó hacia su destino, junto con su buen amigo Aimé Bonpland, un botánico francés. No volvería a Europa hasta cinco años después. Primero hizo escala en las islas Canarias, donde aprovechó para subir al Teide. Para Humboldt todo lugar era digno de ser conocido, explorado y documentado y por eso se le considera uno de los padres de la **ciencia empírica**, y fue llamado «el nuevo Aristóteles».

Apenas atrapaba un animalito lo soltaba porque enseguida aparecía otro más interesante.

6 263 m

CHIMBORAZO

LLEGAR A LO MÁS ALTO

Humboldt viajó primero por lo que hoy es Venezuela, luego pasó por Cuba, Colombia, Ecuador y Perú. De entre lo más sorprendente que hizo se encuentra la subida al volcán **Chimborazo**, en Ecuador. Por entonces era considerada la montaña más alta del mundo. Intentó llegar a su cumbre, pero se quedó en los 5 610 m de altitud. Con todo, ¡era el **punto más alto** alcanzado por el ser humano del que se tenía noticia!

¡LOS PELIGROS DE LA NATURALEZA!

Humboldt quería **investigar y clasificar** todo lo que viese. En cierta ocasión, observó cómo los indígenas pescaban anguilas eléctricas. Las capturaban metiendo caballos en el agua: cuando estas ya habían descargado su electricidad en sus patas, las cazaban con un arpón. Pero Humboldt se despistó y pisó una de ellas. ¡Le dio tal **descarga** que apenas pudo moverse el resto del día!

¿VERDADERO O FALSO?

Hay un mar en la Luna que se llama mar de Humboldt, muy rico en nutrientes.

Bueno, pues las dos cosas. Existe ese mar, pero no tiene nutrientes ya que no hay vida en la Luna. ¡Solo es el impacto de un meteorito!

RECONOCIMIENTO MUNDIAL

Humboldt continuó su viaje por México y llegó hasta Estados Unidos, donde lo recibió el presidente Jefferson. Tras cinco años y más de 10 000 km, Humboldt regresó a París, donde lo recibieron **con entusiasmo**. Había explorado y documentado la fauna, flora, geografía y etnografía de Latinoamérica: había llevado a cabo la expedición científica más ambiciosa realizada hasta entonces. ¡Gracias, Alexander! En la actualidad, varios accidentes geográficos, parques o universidades de América y Europa **llevan su nombre**. Por algo será.

AQUELLOS LOCOS VIAJES EN GLOBO

LOS SUEÑOS... SUEÑOS SON

¿Quién no ha **soñado con volar**? ¡Tú también, seguro! Ahora lo podemos hacer a bordo de multitud de máquinas, pero hubo un tiempo en el que incluso soñarlo era cosa de locos. Algunos, como **Leonardo da Vinci**, se atrevieron a hacer planos de artefactos con más buena intención que futuro. Hasta el siglo XVIII, cuando ciencia e Ilustración se dieron la mano, no se lograron los pasos oportunos para que nosotros dominásemos, también, los cielos.

SI QUIERES VOLAR, VUELA CON TU IMAGINACIÓN

EL PIONERO

El primer artilugio del que se tiene noticia que volase fue la PASSAROLA, en 1709. Lo inventó **Bartolomé Gusmão**, un portugués que hizo volar un extraño aparato en Lisboa, pero apenas se conoce cómo era. Consistía en algo parecido a un globo sujeto a una especie de barca e impulsado gracias al fuego. Solo fueron unos metros, ¡pero se creyeron que era **cosa del diablo**! ¿Te imaginas?

LA BARQUE INVENTEE
Laurent de Gufman Chapelain du Roi de Portu...
pour s'élever et se diriger dans les Airs.

¡QUÉ GRAN IDEA!

Los **hermanos Montgolfier** poseían una fábrica de papel. Les gustaba hacer volar bolsas de papel, hasta que un día se dieron cuenta de que cuando la ponían debajo del fuego, subían hasta el techo. ¡Mmmhh! ¡Debía de ser que el aire caliente pesa menos! ¿Y si hacemos algo parecido con un **globo grande**?, pensaron. Dicho y hecho, se pusieron manos a la obra.

OH, MON DIEU!

TODO PARA EL PÚBLICO

En septiembre de 1783, los Montgolfier hicieron una demostración ante los **reyes de Francia**, Luis XVI y María Antonieta, en el palacio de Versalles. Lo vieron 130 000 asombradísimas personas. ¿Quiénes viajaban en el globo? Un **gallo, una oveja y un pato**. En octubre, Jean-François Pilâtre de Rozier fue el primero en tripular un globo. ¡No se mareó, o no dijo nada!

ACCIDENTE

Por entonces, los globos aerostáticos podían elevarse, pero iban... a donde el viento los llevase, no podían pilotarse. El mismo Pilâtre de Rozier intentó cruzar el Canal de la Mancha (que separa Francia de Gran Bretaña) en 1785... Pero el viento trastocó todos los planes y provocó que el globo se desinflase. Tanto él como su acompañante murieron y se convirtieron en las primeras víctimas de un accidente aéreo.

MORT DE PILATRE DE ROSIER ET DE ROMAIN

Y llegaron los...

¡MEJOR CON MOTOR!

Los más atrevidos no podían dejar de soñar... ¡Quería volar! Y que aquellos globos no se pudieran dirigir era todo un problema. ¡Todo dependía de hacia dónde soplase el viento! Así que se dio un gran paso cuando el francés **Henri Giffard**, en 1852, voló 27 km en un dirigible propulsado mediante una máquina de vapor.

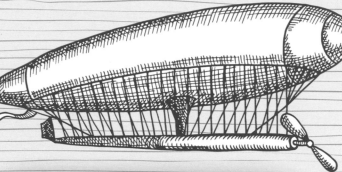

SI TE QUIERES MOVER Y DIVERTIR, EN DIRIGIBLE HABRÁS DE IR.

EL MÁS... ¿ATREVIDO?

De entre todos los intentos por volar, sin duda el más extravagante de todos fue el de **Franz Reichelt**. Era un sastre que se confeccionó un traje a medida con el que afirmaba que podía volar, o al menos caer poco a poco, como si fuera un paracaídas. Se inspiraba en Leonardo da Vinci, nada menos. En febrero de 1912 dio el salto desde lo alto de la torre Eiffel. No funcionó... ¡y no vivió para contarlo!

¡dirigibles!

MIS ZEPELINES FUERON LOS MEJORES PARA VIAJAR.

UNA INCREÍBLE ARMA DE GUERRA

Poco a poco, los dirigibles fueron mejorando y su uso se extendió. A principios de siglo no resultaba extraño verlos flotar por las capitales de Europa. El mejor de ellos fue el diseñado por el alemán **Ferdinand von Zeppelin**, motivo por el que, desde entonces, los dirigibles se llamaron ZEPELINES. Y los militares de la época pensaron que aquellos enormes artefactos les servirían para ganar las guerras desde el aire. Se empezaron a usar con tal fin en la **Primera Guerra Mundial** (1914-1918). Pero no resultaron muy eficaces.

¿VERDADERO O FALSO?

Los dirigibles podían cruzar el océano Atlántico en menos de tres días.

Totalmente cierto. Esas inmensas moles (de 245 m de largo, alguno de ellos) eran capaces de ir de Berlín a Nueva York en unas 70 horas).

En 1999, el Breitling Orbiter 3 fue el primer globo aerostático en dar la vuelta al planeta sin escalas. Lo pilotaban el suizo Bertrand Piccard y el británico Brian Jones. Recorrió 45 633 km en 19 días, 21 horas y 47 minutos. ¡Una pasada!

Y LLEGÓ EL DESASTRE

Los zepelines se fueron popularizando, hasta el punto de convertirse en un medio de comunicación **intercontinental** muy eficiente. Pero las rachas de viento y los gases que se utilizaban para que flotasen –helio o hidrógeno, muy inflamables– provocaron graves accidentes. El definitivo fue el **LZ 129 Hindenburg**, que estalló en llamas cuando aterrizaba en New Jersey, en 1937. Desde entonces, los dirigibles dejaron de usarse y empezó el reinado de los aviones.

DARWIN Y EL BEAGLE, una selección natural

HMS BEAGLE
Bergantín
27,5 m de largo
7,5 m de ancho
10 cañones
120 tripulantes

VIAJAR ES BUENO

Que viajar es bueno y **abre la mente** ya te lo habrán dicho tus padres varias veces. Y si aún no, te lo decimos en este libro. Para muestra, el caso de Charles Darwin, uno de los científicos más famosos –¿el que más?– de la historia. A raíz de un viaje a bordo del *HMS Beagle*, y gracias a las investigaciones y descubrimientos que hizo durante el mismo, realizó una teoría sobre la **evolución de las especies** que cambió la historia de principio a fin. ¡Aunque a muchos no les gustase!

¡SIGUE TU SUEÑO!

De acuerdo, Darwin iba a cambiar la concepción del mundo, pero... ¡No te creas que fue muy estudioso! Su padre quiso que estudiase Medicina y le hizo caso. Sin embargo, aquello no le gustaba demasiado, le parecía muy aburrido. Su padre quiso entonces que se hiciese pastor (un oficio religioso), pero entonces descubrió la HISTORIA NATURAL y vio que eso era lo que le gustaba: investigar sobre la naturaleza.

¿TE VIENES A VER MUNDO?

El conocimiento, a menudo, **parte de la aventura**. El joven Darwin, con apenas 22 años, recibió una tentadora oferta de un amigo: subirse al *HMS Beagle*, un barco con misiones científicas que recorrería el mundo en dos años. «¿Yo?», se dijo, ilusionado, el propio Charles. «¿Tú?», le dijo su padre, quien por supuesto consideraba eso una pérdida de tiempo. ¿Qué haría el joven Darwin? **¿QUÉ HARÍAS TÚ?**

¡NECESITO CONSEJO, POR FAVOR!

¡TÚ SÍ QUE SABES, HIJO MÍO!

Plymouth
Azores
Tenerife
Cape Verde
Galapagos
Bahia
Cocos (Keeling)
Callao - Lima
Río de Janeiro
Mauritius
Sydney
Valparaiso
Montevideo
Cape Town
King George's Sound
Hobart
Falkland Islands

FECHA DE SALIDA:
27 de diciembre de 1831
PRIMER DESTINO: Río de Janeiro
(escalas en Tenerife y Cabo Verde)

¡ME APUNTO COMO SEA!

Pues Darwin decidió ir como naturalista «por su cuenta». Es decir, con permiso del capitán, pero sin paga. ¡Para él lo importante no era el dinero, sino **cumplir con lo que llevaba dentro**! Sería una despedida de la ciencia antes de volver y ordenarse párroco (o eso creía). La misión principal era analizar con mayor detalle las costas de América del Sur, pero como iban a dar la vuelta al mundo… ¡habría tiempo para más cosas! **Dos años** darían para mucho, ¿no?

El viaje que cambió

ISLAS GALÁPAGOS (ECUADOR)
Llegada: 15/septiembre/1835

LAS GALÁPAGOS

Al final, las investigaciones solo por Sudamérica se alargaron durante dos años y medio. Durante ese tiempo, Darwin ejerció más **como geólogo** que como zoólogo (¡recogió más piedras que animalillos!). A las islas Galápagos llegaron en septiembre de 1835. Allí, Darwin anotó en su diario una serie de observaciones sobre varios animales **muy particulares**. Esas islas, tan alejadas de todo, tenían muuuucho que revelar. Solo necesitaba poner sus ideas en orden, contrastar y pensar. Vamos, ¡HACER CIENCIA!

EL CALLAO (PERÚ)
Llegada: 19/julio/1835

OTRAS ESCALAS

TAHITÍ
Llegada: 21/diciembre/1835

AUSTRALIA
Llegada: 11/enero/1836

INGLATERRA
Llegada: 2/octubre/1836

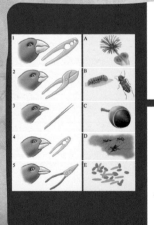

SAN CARLOS DE ANCUD (CHILE)
Llegada: 27/junio/1834

LAS «DESVENTAJAS» DE LA CIENCIA

Darwin observó que en cada isla de las Galápagos había un tipo de **pinzón**. Eran casi idénticos, pero algo los diferenciaba. Cada uno tenía un tipo de pico. ¿Por qué? ¿Quizá porque se especializaban en un tipo de comida, y ese pico les servía mejor para conseguirla? Y si eso era así… **¿Qué querría decir?** ¡Caray con la investigación! Cada pregunta respondida te lleva a una nueva pregunta… ¡¡¡Es un no parar!!!

su tiempo

ORGANISMO UNICELULAR — ANIMALES ACUÁTICOS — ANFIBIOS — ANIMALES TERRESTRES — MONO — HUMANO

ESCRITOR EN CIERNES

El *HMS Beagle* paró en las **Galápagos** poco más de un mes, hasta el 20 de octubre de 1835. Pero Darwin se llevó muchos apuntes. Cuando llegaron a Inglaterra, Darwin publicó su diario de viaje, que se convirtió en todo un éxito. ¡Escribía muy bien!

Charles Darwin

ME GUSTA DARWIN.

Río de Janeiro (Brasil)
Llegada: 5/abril/1832

Montevideo (Uruguay)
Llegada: 22/agosto/1832

AÑOS DESPUÉS...

Desde que volvió de su largo viaje, Darwin pasó más de dos décadas leyendo, investigando, dudando, concluyendo... Hasta que en 1859 se decidió a publicar ***El origen de las especies***, el libro que sienta las bases de la evolución humana (y del resto de especies), que nos dice que venimos de los simios, que existe una lucha por la supervivencia y que sobrevive el más fuerte... ¡Una auténtica revolución! Y todo, gracias a un viaje...

Estrecho de Magallanes
Llegada: 9/junio/1834

¿SABÍAS QUÉ?

El capitán Fitz Roy regaló a Darwin una montaña por su cumpleaños. Es el monte Darwin, en la Tierra del Fuego.

Buscando las FUENTES DEL NILO

LA FIEBRE DEL DESCUBRIMIENTO

Hubo un tiempo en el que ser **explorador** era como hoy para ti las estrellas de la música o del deporte: lo más popular, lo más impactante. A mediados del siglo XIX existía una fiebre por descubrir, por llegar antes y más lejos. Y uno de los retos más importantes era averiguar dónde nacía el río Nilo. ¡Toda una incógnita escondida en las profundidades del **África salvaje**! Dos intrépidos exploradores británicos, Richard Burton y John Speke, partieron en 1856 en su busca.

¡EL NILO NACE EN EL TANGANICA!

ENEMIGOS EN PROBLEMAS

Burton y Speke se conocían de exploraciones anteriores. ¡Eran tipos **duros y experimentados**! Sus cuerpos tenían las cicatrices de peleas y enfermedades en países remotos. Sin embargo, no se caían demasiado bien. En el viaje, Speke pasó un buen tiempo medio ciego y medio sordo… por culpa de un escarabajo que se le metió en el oído. Y Burton pasó por **enfermedades** que lo dejaron sin apenas fuerzas. Sin embargo, su expedición logró descubrir –para el mundo occidental– el gran lago Tanganica.

RICHARD FRANCIS BURTON
Inglés, 1821–1890
Explorador, soldado, espía, políglota, escritor, traductor, diplomático, antropólogo, lingüista…

MAPEANDO

Speke se recuperó de sus dolencias, así que montó una expedición con 32 hombres para buscar un segundo gran lago. Mientras, Burton tuvo que quedarse en el campamento, aún débil. ¡Y muerto de envidia! Speke viajó unos 300 km al norte y descubrió un enorme lago, al que bautizó como Victoria, porque así se llamaba la reina de Inglaterra. Fue el primero en hacer un mapa del mismo, aunque un poco incompleto porque los ladrones, que habían atacado la expedición varias veces, les quitaron gran parte del material topográfico.

CIENCIA APLICADA

Speke estaba seguro de que el **Tanganica** no podía ser la fuente del Nilo, porque estaba a menor altitud que el **Victoria**… ¡Y el agua no puede subir! ¿Cómo lo averiguó sin instrumentos de medición? Pues calentó agua en cada uno de ellos, e hirvió antes en el Victoria. Y el **agua hierve** a menor temperatura cuanto mayor sea la altitud. ¡Buen truco, Speke!

Burton era un hombre con una cultura tremenda e infinitas ganas de saber. En sus viajes documentaba las costumbres y la naturaleza de aquellos nuevos lugares. Hablaba muchos idiomas… ¡Hasta tradujo al inglés *Las mil y una noches*!

¡EN EL LAGO VICTORIA!

¡AFIRMO!

EXTRAÑO FINAL

Burton y Speke volvieron a Inglaterra cada uno por su lado. ¡No podían ni verse! Burton decía que el Nilo nacía en el Tanganica y Speke, que en el Victoria (al cual, además, había llegado sin Burton, ¡para echar sal en la herida!). Cuando, en 1964, iban a dar una conferencia conjunta para defender cada uno su teoría, llegó la noticia de que Speke **había muerto** en un misterioso accidente de caza: ¡se le había disparado su rifle! Burton dijo que había sido un suicidio, porque no se atrevía a enfrentarse a él…
¡Enemigos hasta el fin!

JOHN HENNING SPEKE
Inglés, 1827–1864
Explorador y soldado

DOCTOR LIVINGSTONE, supongo

EL CORAZÓN DE LAS TINIEBLAS

Aunque el continente africano estaba más que descubierto y sus límites trazados, hasta bien entrado el siglo XIX apenas se conocía **su interior**. ¡Pocos conocían las maravillas de la selva o de la sabana! Algunos países europeos se lanzaron a la conquista de esos **territorios desconocidos**. Destacó –como casi siempre– Gran Bretaña, que mandó varias misiones, pero no todas buscaban poder o riqueza. Algunas estaban comandadas por **auténticos aventureros** con ánimo de conocer, explorar y divulgar. Uno de ellos fue el médico y misionero escocés **David Livingstone**, que se ganó el respeto de la población africana.

MISIONERO Y PIONERO

Livingstone se hizo misionero para llevar el cristianismo por todo el mundo. Pero en realidad, lo que más le gustaba era **descubrir lugares inexplorados**, y en 1852 se propuso un viaje que nunca antes había hecho nadie: cruzar África de oeste a este, del océano Atlántico al océano Índico. ¿Sería capaz de hacerlo?

¡¡¡SOCORRO!!!

Livingstone pasó muchos peligros... ¡Pero el peor de ellos no fueron los leones, sino **los mosquitos**! Estos insectos transmiten la **malaria**, enfermedad que junto a la disentería acabaron con su vida en 1873.

¡QUE TRUENA!

En sus viajes por el interior del África más salvaje, Livingstone realizó numerosos descubrimientos con su equipo de exploradores, todos originarios de África menos él. Informó de la existencia de lagos y montañas y se propuso abrir nuevas rutas para mejorar la comunicación. ¡Los africanos apenas se conocían entre sí! Sin duda, su mayor descubrimiento fueron las cataratas Victoria, unas impresionantes cascadas del río Zambeze, que los nativos llamaban «humo que truena». Si puedes verlas... ¡oirás el porqué!

Livingstone amaba África. Para él, los nativos africanos eran ciudadanos libres y **clamó contra la esclavitud**. Tuvo dos grandes amigos, Chuma y Susi, que lo acompañaron hasta su muerte.

FRASE MÍTICA

En 1869 hacía años que no se sabía de Livingstone. ¿Estaba perdido, estaba muerto? ¡No había móvil ni internet! El periódico *New York Herald* encargó al periodista Henry Stanley que lo encontrase... ¡Algo así como hallar una aguja en un pajar! Sin embargo, tras varios meses, lo encontró cerca del lago Tanganica. En ese momento, Stanley dijo una frase para la posteridad: **«Doctor Livingstone, supongo»**. ¡Claro, era el único hombre blanco!

PUES ENTONCES YO LIVINGSTONE, SUPONGO.

¡HOLA, BUENAS! YO SOY STANLEY.

Livingstone y Stanley se hicieron buenos amigos y exploraron juntos varios territorios. Pero Stanley no consiguió que Livingstone regresase a Europa. Y no solo porque ya estuviese bastante enfermo, sino porque tenía otra enfermedad incurable: ¡EL AMOR POR ÁFRICA!

DE GRAN BRETAÑA A FRANCIA... ¡a nado!

UN JOVEN INTRÉPIDO

¿Por qué el ser humano está dispuesto a arriesgar su vida por llegar a donde nunca antes nadie había llegado? Es la clase de pregunta que habría que hacerle a personajes como **Matthew Webb**. Este inglés se vio atraído por el mar desde bien joven. Se alistó a la marina mercante británica en 1860, con apenas 12 años, y empezó a **recorrer mundo**. Y desde entonces empezó a dar muestras de ciertas tendencias... ¡heroicas!

> ¡LOCOOOO! ¡ESTÁ USTED LOCOOOO!

STANHOPE MEDAL.

HÉROE GENEROSO

Webb trabajaba en un buque que iba de Nueva York a Liverpool, cuando un hombre **cayó por la borda** en pleno océano Atlántico. No pudo rescatarlo, pero el noble gesto le valió la Stanhope Medal, una medalla que reconoce el **acto heroico** más valioso del año. No era la primera vez que hacía algo así: años antes, cuando era adolescente, salvó la vida de su hermano de 12 años, a punto de morir ahogado. ¡Un loco muy valiente y de gran corazón!

QUERER ES PODER

Un buen día, leyendo el periódico, supo que un hombre había intentado cruzar el Canal de la Mancha, sin éxito. «¿Y por qué yo no?», se dijo. Y **comenzó a entrenar** en las aguas del río Támesis, en Londres. ¡También muy frías!

¡TE VAMOS A COMPLICAR TU AVENTURA!

LA GRAN HAZAÑA

El 24 de agosto de 1875, tras un primer intento fallido, se sumergió en las aguas de Dover, untado de **aceite de marsopa**. Lo acompañaban tres barcas (pero solo por si acaso, no le arrastraban). Las medusas no pararon de picarle, las corrientes le obligaban a desviarse… Pero su **perseverancia** estaba por encima de todo aquello. 21 horas y 40 minutos después, llegó a Calais (Francia), tras un trayecto de 66 km. ¡De nuevo, un heroe!

MUERTE

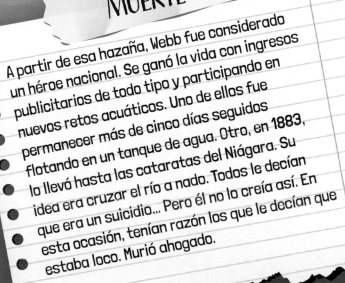

A partir de esa hazaña, Webb fue considerado un héroe nacional. Se ganó la vida con ingresos publicitarios de todo tipo y participando en nuevos retos acuáticos. Uno de ellos fue permanecer más de cinco días seguidos flotando en un tanque de agua. Otro, en **1883**, lo llevó hasta las cataratas del Niágara. Su idea era cruzar el río a nado. Todos le decían que era un suicidio… Pero él no lo creía así. En esta ocasión, tenían razón los que le decían que estaba loco. Murió ahogado.

La gran carrera hacia EL POLO SUR

HASTA EL POLO SUR… ¡Y MÁS ALLÁ!

EL PLAN INGLÉS

En 1909, dos exploradores estadounidenses afirmaron que habían llegado al **Polo Norte**. Cada uno de ellos por su lado, y por eso se acusaban de mentirosos (con el tiempo, se demostró que ninguno de ellos pisó en realidad ese punto). Eso hizo que el siguiente desafío para cualquier explorador fuese… ¡el Polo Sur, claro! En el Reino Unido presumían de estar preparando la mejor expedición posible, una que solo podía acabar de dos maneras: ¡en triunfo o en triunfo! La capitaneaba el gran **Robert Falcon Scott**.

¿TENGO CARA DE LLEGAR SEGUNDO?

EL PLAN NORUEGO

Mientras tanto, otro gran explorador daba los últimos retoques a su viaje hacia el sur. El noruego **Roald Amundsen** lo tenía todo preparado para ir al Polo Norte, pero las recientes noticias le hicieron cambiar de objetivo. ¡Total, si todo estaría igual de helado! Eso sí, no se lo dijo al gobierno noruego ni a sus patrocinadores, no fuese que le dijeran que no. Solo se permitió enviarle un **telegrama** a Scott cuando ya nadie podía detenerlo. Le decía: «Le informo de que el *Fram* va hacia la Antártida». ¿Un gesto entre caballeros o una invitación **a la carrera**? ¿O las dos cosas?

LA PREPARACIÓN

Scott se quedó como el tiempo... ¡Un poco helado! Pero prosiguió con su empeño y siguió a su destino en el *Terra Nova*, un **barco ballenero** preparado para viajar entre los hielos. Zarpó desde Gales en julio de 1910. Antes, había ido a Siberia para comprar **34 perros y 19 caballos poni**, y contaba con 65 hombres en su expedición. Eran muchos, porque entre las intenciones de Scott no estaba solo el llegar al polo, sino hacer **experimentos científicos**. ¡Un viaje muy completo!

¡SORPRESA!

Amundsen, en cambio, tenía una tripulación menor porque tenía claro que su objetivo era solo uno: **llegar al polo el primero**. Para ello, consiguió del mítico explorador Fridtjof Nansen el navío *Fram*, probablemente el barco de madera **más resistente** que jamás se había fabricado. No era muy manejable... ¡pero sí muy seguro! Salió de Noruega en agosto de 1910, aunque la tripulación aún creía que iban hacia el Polo Norte. Solo se enteraron a mitad del viaje. ¡Imagina qué caras pusieron!

DIFERENCIAS

Ambas expediciones llegaron a principios de 1911 a la Antártida, para pasar allí un primer verano de aclimatación y para establecer depósitos de provisiones en el camino, y así no tener que llevar una cantidad de víveres imposible de arrastrar. Como en cualquier exploración, no todo es salir a lo loco... ¡Hay que pensar y prever! Amundsen y Scott pusieron sus campamentos en la Barrera de Hielo de Ross, pero en puntos muy separados. El noruego en la bahía de las Ballenas, el inglés en la isla de Ross.

Distancia al polo (ida y vuelta): 2 671 km

Distancia al polo (ida y vuelta): 2 896 km

CAMPAMENTO AMUNDSEN

CAMPAMENTO SCOTT

Una competición...

CABALLOS Y PERROS

Amundsen salió con otros cuatro hombres el 19 de octubre, con cuatro trineos y 52 perros. Scott, el 1 de noviembre, con otros 15 hombres utilizando los vehículos motorizados, los ponis manchúes y los perros. Así que **Amundsen llevaba ventaja**, pero no solo en días... Su equipo era más ligero y, además, aún más experto. Llevaban solo perros, que tenían menos fuerza que un poni, pero necesitaban menos comida. Bueno, **¡el duelo estaba servido!**

MUCHOS PELIGROS

Ambas expediciones fueron recorriendo kilómetros. Al principio iban siguiendo los puntos en los que sus compañeros, meses antes, habían dejado provisiones (**¡recuerda!: primero planear, luego actuar**). Lo más peligroso eran las tormentas de polvo helado y las grietas que se abrían entre el hielo. ¡Te podías caer por una de ellas, resbalar y acabar en una cueva de imposible acceso!

SACRIFICIOS

El equipo noruego iba con abrigos de piel de foca. En los británicos abundaba la ropa de lana, que protegía menos. Los noruegos iban a buen ritmo: cinco hombres con trineos, viajaban unas cinco horas al día, a unos 6-8 km/h. El equipo británico llevaba trineos mecánicos, pero se les rompieron por el frío, y tuvieron que sacrificar los ponis al principio, y más tarde los perros. Su media era de unos 25 km al día.

... ¡Trágica!

¡AL FIN!

A mitad de camino, el grupo de Scott se quedó en cinco personas. El viaje de Amundsen también era muy duro... Pero para ellos los días pasaban sin grandes contratiempos. Estaban muy bien preparados y, en 54 días... ¡Los cinco llegaron **al mismísimo Polo Sur**! Era el 14 de diciembre de 1911.

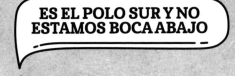

ES EL POLO SUR Y NO ESTAMOS BOCA ABAJO

Amundsen, convencido de que Scott llegaría días después, le dejó un informe del viaje junto con **una carta** en la que le pedía que se lo entregara al rey de Noruega, por si les ocurría algo en el regreso

17/enero/1912
Llegan al polo Scott y su equipo

14/dic/1911
Llegan al polo Amundsen y su equipo

30/marzo/1912
Mueron Scott y dos compañeros

CAMPAMENTO AMUNDSEN
Regresaron el 25 de enero

CAMPAMENTO SCOTT
Nunca volvieron

EL... ¿REGRESO?

La vuelta de Amundsen y sus compañeros fue rápida. Sin embargo, el grupo de Scott **iba más cansado**, tenían menos comida y el tiempo se puso peor. Uno de ellos se cayó por una grieta y falleció poco después. Otro se «suicidó» perdiéndose en la nieve, cuando vio que retrasaba a sus compañeros.

Los otros tres **murieron de hambre y frío** cuando apenas les quedaban 15 km para llegar a un pequeño campamento con comida. Estuvieron nueve días encerrados en una tienda, aislados por las tormentas... ¡sabiendo que iban a morir! Los encontraron sin vida varios días después.

LA DECEPCIÓN

Mientras tanto, los ingleses seguían su **penosa marcha**. Se quedaron sin animales y tuvieron que arrastrar su propia carga. Estaban muy cansados... ¡Pero llegaron al polo el 17 de enero! Sin embargo, allí vieron la tienda de Amundsen y ese mensaje... ¡Debían estar alegres por su hazaña, pero fue un día muy triste!

SHACKLETON: fracaso y éxito en el polo sur

«Se necesitan hombres para viaje peligroso. Sueldo bajo. Frío extremo. Largos meses de absoluta oscuridad. Peligro constante. Regreso con vida dudoso. Honor y reconocimiento en caso de éxito»

Ernst Shackleton hablaba claro. El de la izquierda era el mensaje que este explorador polar irlandés puso en la prensa londinense en 1914. Quería hombres duros y fieles para emprender una nueva acometida: **cruzar la Antártida a pie, de costa a costa**. Quien quisiera sumarse, ¡estaba advertido!

¿QUIÉN SE APUNTA A CRUZAR LA ANTÁRTIDA?

LA EXPLORACIÓN ANTÁRTICA

Desde finales del siglo XIX a principios del XX se dieron varios intentos de explorar la Antártida, bien desde el punto de vista científico... O de ser los primeros en lograr un reto. Todas tenían un punto en común: **EL RIESGO**. Llegar a sus costas ya era toda una aventura, y la comida y el calor no estaban, precisamente, garantizados...

CAMINOS PARALELOS

Shackleton y Scott coincidieron en la expedición DISCOVERY de 1901, comandada por el mismo Scott.

ERNST SHACKLETON
Irlanda
1874–1922
Explorador y marino

ROBERT F. SCOTT
Reino Unido
1868–1912
Explorador y marino

PREVISIÓN DEL VIAJE TRANSANTÁRTICO

Isla Elefante

Bahía Vahsel

Polo Sur

Glaciar Beardmore

Isla de Ross

SOUTHERN OCEAN

ASÍ ERAN LOS PLANES

Esta iniciativa salió de Londres en agosto de 1914 y tomó el nombre de EXPEDICIÓN IMPERIAL TRANSANTÁRTICA, o Expedición *Endurance,* por el barco principal de la exploración. El otro, el *Aurora,* tenía la misión de llegar por el otro lado (isla de Ross), y sus hombres crearían tierra adentro varios **puntos de avituallamiento**. Así los del viaje principal tendrían que cargar menos equipaje. ¡Bien pensado!

LO TENÉIS COMPLICADO...

SUPERVIVENCIA

El equipo de Shackleton haría los últimos 640 km con las provisiones que le dejaría, en unos puntos predeterminados, el equipo del otro barco. La idea era hacerlo en el verano (allí, de enero a marzo) de 1915. Pero, ¡ay!, las cosas no salieron como pensaban desde un primer momento. Las circunstancias no acompañaron y tuvieron que dejarlo... ¡Hasta el año siguiente! Porque en invierno, sin luz y con aún más frío, ¡imposible! Pero... ¿cómo pasarían el invierno?

El éxito puede ser...

¿SE HUNDIRÍA EL BARCO?

Atrapados en el hielo, los 28 tripulantes del *Endurance* solo podían observar a dónde les llevaba la deriva. Durante meses y meses no tuvieron otra cosa que hacer que **mantenerse en forma** y con buen humor. Shackleton se mostró como el mejor de los jefes y promovía **partidos de fútbol** y carreras de trineos con los perros. ¡Al menos, algo de diversión! Sin embargo, en noviembre de 1915 el barco se hundió debido a la increíble presión que ejercía el hielo sobre el casco. ¡El ruido fue ensordecedor cuando crujió la quilla!

> **«PARA UN VIAJE CIENTÍFICO DAME A SCOTT, PARA UNA CARRERA AL POLO, A AMUNDSEN, Y SI ESTOY EN UN AGUJERO Y QUIERO SALIR, DAME A SHACKLETON»**
>
> **Apsley Cherry-Garrard, explorador polar**

EL EQUIPO DEL *AURORA*

Mientras tanto, los otros 28 tripulantes del barco *Aurora* ignoraban lo que les sucedía a sus compañeros, aunque se lo podían imaginar porque ellos pasaban por una situación similar. Pero cumplieron su misión y **desembarcaron las provisiones**... Que el otro equipo nunca utilizaría. Murieron tres exploradores en el intento.

¿ADIVINA?

¿Sabes cuáles fueron los peores enemigos del equipo del *Aurora*?

El escorbuto y la ceguera de las nieves. Lo primero es una enfermedad grave por la falta de frutas y verduras. Lo segundo es una enfermedad de los ojos por no protegerse del sol.

... Regresar con vida

LAS COSAS SE COMPLICAN... ¡MÁS!

El grupo de Shackleton tuvo que dejar el barco. Siguieron sobre el hielo, pero las raciones de comida empezaban a escasear. Sobrevivieron gracias a la **carne de foca**... Y de los perros que tuvieron que sacrificar (porque comían muchas provisiones). Cuando el mar se abrió, utilizaron los botes salvavidas para llegar hasta la isla Elefante, un lugar deshabitado. Shackleton escogió a otros cinco hombres para viajar en un bote, en un **violento mar abierto** (con olas de varios metros de altura) para intentar llegar hasta Georgia del Sur, la isla habitada más accesible. ¡Otra aventura de locos!

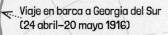

ATLANTIC OCEAN — 60°S

Viaje en barca a Georgia del Sur (24 abril–20 mayo 1916)

Viaje en barca a la isla Elefante (8–14 abril 1916)

Campamento sobre hielo (noviembre 1915–abril 1916)

75°S

Deriva del barco sobre el hielo (enero–octubre 1915)

Polo Sur

¡QUÉ NERVIOS!

¡Y lograron sobrevivir! Llegaron exhaustos a Georgia del Sur, pero tampoco eso era la salvación. Tuvieron que cruzar toda la isla –muy montañosa– porque el puerto estaba al otro lado. Tres de los marineros estaban **tan cansados** que se quedaron allí, esperando. ¡Menos mal que sus compañeros lo lograron! Shackleton consiguió la ayuda de un barco ballenero, que primero rescató a sus tres amigos y luego fue a buscar a los 22 aventureros que esperaban, hambrientos y sin mucha esperanza, en la isla Elefante. ¡Qué alegría el **reencuentro**! Fue el 30 de agosto de 1916. Habían pasado dos años desde que salieron de Londres.

UNO PARA TODOS... ¡Y TODOS PARA UNO!

MEMORABLE

Esta expedición se considera un **ejemplo de resistencia** y capacidad de supervivencia. Pese a que no consiguió su objetivo principal, sí logró el hito de pasar más de año y medio en el polo... ¡Sin que nadie muriese! Por eso, Shackleton ha quedado para la historia como un EJEMPLO DE CORAJE Y BUENA GESTIÓN. **Moraleja:** también en el fracaso se puede encontrar un éxito.

La tumba de TUTANKAMÓN

UN GRAN MITO

¿Aún te da miedo la momia de Tutankamón? ¿Por qué? Si no es más que un chico joven envuelto en gastadas vendas... Aunque puede que tengas razón y no debamos verlo así. El ser humano concede un valor especial a ciertos objetos y hechos: es **el simbolismo**, una de las características que nos diferencia de los animales, que nos hace especiales. De acuerdo, respetemos a Tutankamón... ¡Pero no le tengas miedo!

OH NO... NO!

TROPEZAR CON UNA PIEDRA

Lord Carnarvon era un noble inglés y entusiasta de la **arqueología**. En 1907 contrató a Howard Carter, posiblemente el mejor arqueólogo de su generación. La Primera Guerra Mundial (1914-1918) interrumpió las sus excavaciones en Egipto, pero tras la contienda volvió a ellas y fue descubriendo yacimientos... Pero ninguno como el que vieron en noviembre de 1922, cuando el aguador del equipo se tropezó con una piedra que resultó ser el comienzo de **una escalinata**...

SOY EL MEJOR EGIPTÓLOGO DEL MUNDO.

INTACTA

Carter llamó a Lord Carnarvon y juntos abrieron la puerta del enterramiento, y entraron a escondidas antes de que se lo permitieran las autoridades egipcias. Lo que vieron les fascinó... ¡La tumba estaba intacta! Era la única así, siempre las encontraban saqueadas. ¡Eran los primeros en entrar en 3 000 años! Encontraron multitud de objetos, como divanes, cofres, tronos y altares.

¿VERDADERO O FALSO?

Tutankamón fue el faraón más poderoso de la historia.

Falso. Tutankamón estuvo muy poco tiempo en el poder, murió muy joven, con unos 18 años y, posiblemente, de un golpe tras caer de un caballo.

El descubrimiento fue todo un acontecimiento y sirvió para que la arqueología, y no solo la relacionada con Egipto, cobrase mayor importancia. La fascinación por Tutankamón no ha dejado de crecer.

LA MALDICIÓN DEL FARAÓN

Una leyenda se creó alrededor de la **tumba de Tutankamón**. A los pocos meses de entrar en la tumba, Lord Carnarvon falleció por la picadura de un mosquito. Más personas asociadas al descubrimiento fallecieron en los siguientes años. Pero morir joven era normal entonces. Todo eran ganas de la **prensa sensacionalista** por vender periódicos. Arthur Conan Doyle, el autor de *Sherlock Holmes*, era uno de los exagerados. Pero Howard Carter, por ejemplo, murió bien anciano. ¡Qué ganas de enredar!

LINDBERGH: cruzar el Atlántico

¿CÓMO EMPEZÓ? ¡UN PREMIO PARA LOS MÁS LOCOS!

En 1919, un hotelero de Nueva York llamado Raymond Orteig tuvo una curiosa idea: dedicar 25 000 dólares (unos 300 000 euros de hoy) para crear un **singular premio**, que llevaría su apellido. El Premio Orteig sería para aquel aviador que volase, sin escalas, de París a Nueva York (o viceversa). Sin embargo, por entonces, nadie se animó: ¡¡¡ESO ERA UNA LOCURA!!! La aviación aún no estaba tan desarrollada como para eso.

La distancia entre Nueva York y París era (¡y sigue siendo, ojo!) de **5 834 km**. Hacia 1920, un viaje de 1 000 km ya era todo un logro! ¿Quién querría morir solo y ahogado en mitad del Atlántico?

Si quieres... ¡NO puedes!

Hasta 1925 nadie lo intentó. Orteig volvió a publicitar su premio y entonces, con la aviación ya más avanzada, varios aviadores lo intentaron... ¡Pero todos sin éxito! **¿Algún valiente más?**

¡Yo SÍ podré!

La noticia llegó hasta un jovencísimo aviador estadounidense llamado Charles Lindbergh, quien se puso manos a la obra. Buscó ayuda económica y la encontró en inversores de Saint Louis, en el estado de Misuri.

PARIS
EIFFEL TOWER

ALGUNOS LOCOS...
¡QUE NO LO CONTARON!

Antes que Lindbergh, otros pilotos intentaron conseguir el **Premio Orteig**. Pero algunos no vivieron para contarlo.

SIKORSKY S–35
Avión estadounidense
Piloto: René Fonck
Biplano
Velocidad máx.: 125 km/h
Peso: 9 000 kg

El piloto, un veterano francés de la Primera Guerra Mundial, se quiso llevar un frigorífico y un sofá. El avión despegó con cuatro personas desde Nueva York, el 23 de agosto de 1926, pero enseguida tuvo problemas y cayó. De los cuatro pasajeros, solo se salvaron el piloto y el copiloto. No iba a ser fácil, no...

EL PÁJARO BLANCO
Avión francés
Piloto: Charles Nungesser
Biplano
Velocidad máx.: 190 km/h
Peso: 5 000 kg

Este avión salió de París el 7 de mayo de 1927. Se sabe que llegó a sobrevolar Irlanda. El 9 de mayo una multitud lo esperaba con ansia en Nueva York... ¡Pero nunca llegó! Su desaparición sigue siendo uno de los mayores misterios de la historia de la aviación.

¿Llegó muy lejos?

SPIRIT OF ST. LOUIS
Avión estadounidense
Piloto: Charles Lindbergh
Monoplano
Velocidad máx.: 210 km/h
Peso: 1 300 kg

Con el combustible que llevaba, Lindbergh creía que podría permanecer en el aire de 30 a 40 horas. Para ello, necesitaba una velocidad media cercana a los 180 km/h, ya que la distancia hasta París se acercaba a los 6 000 km.

¡UN PILOTO MUY LISTO!

Charles Lindbergh era muy joven… ¡Pero sabía muy bien lo que necesitaba! En vez de pedir un **biplano** (un avión con dos pares de alas, una encima de la otra), solicitó un **monoplano**. Así ahorraba peso, que era su principal obsesión. Por eso también decidió ir solo y que el avión tuviera un solo motor. Cuantos más motores… ¡más posibilidades de que uno fallase!

- peso = + lejos

MASCOTA

Para guiarse por el Atlántico, Lindbergh no llevaba más que una sencilla brújula. A bordo de su aparato apenas había dispuesto de unos poco alimentos: chocolate, agua, café y galletas. Pero, ¡ay!, sí que se llevó consigo su mascota, una pequeña gata gris.

¡Hasta el final!

USA · 13c

50th Anniversary Solo Transatlantic Flight

VIAJE ABURRIDO, FINAL FELIZ

Lindbergh despegó de un aeródromo de Nueva York el 20 de mayo de 1927. Hacía buen tiempo cuando salió, pero en **mitad del océano**, la cosa se puso fea y tan pronto tenía que volar a ras del mar, como subir hasta los 1 000 m para estabilizar al avión. No vio ningún barco por el día, y solo alguna luz por la noche. Pero lo peor de todo fue... ¡el **aburrimiento**! Tanto que casi se durmió. Tuvo que tomar mucho café para no cerrar los ojos... Lo mejor fue cuando llegó a París: ¡lo esperaban miles de entusiasmados admiradores!

¿CUÁNTO?

Si Lindbergh salió a las 7:52 de Nueva York y llegó a las 22:24 de París del día siguiente... ¿Cuánto duró el viaje? Pista: la diferencia horaria de ambas ciudades era de +5 horas en París.

El vuelo duró 33 horas y 32 minutos.

UNA TRISTE CONSECUENCIA

Lindbergh se convirtió en una celebridad mundial. Se dedicó a asesorar empresas de aviación e incluso diseñó un reloj que aún hoy se edita. Ganó dinero, sí, y alguien se creyó que podía sacárselo secuestrando a su hijo de dos años. El malvado secuestrador se llevó el rescate, pero mató al niño. Este suceso dio nombre a la expresión **«crimen del siglo»**, por el seguimiento que le dieron los medios de información.

El largo viaje de la KON TIKI

ALMA DE AVENTURERO

Thor Heyerdahl, ya con ocho años de edad, sabía lo que quería ser de mayor: aventurero. Nacido en 1914 en Noruega, desde pequeño le encantaba la naturaleza, dibujar **islas paradisíacas** y fantasear con que se iba a vivir a una de ellas. Con apenas 22 años convirtió su sueño en realidad: marchó con su mujer a la isla Fatu Hiva, en la Polinesia, un lugar perdido en medio del océano Pacífico. Allí pasó un año –volvió porque no era tan paradisíaco: faltaba comida y sobraba humedad– en el que elaboró una teoría: que los habitantes de esas islas **venían de Sudamérica** y no solo de Asia, al contrario de lo que se pensaba.

¿MIEDO YO? OS VAIS A ENTERAR...

¿A QUE NO TE ATREVES?

Heyerdahl presentó su teoría a unos **antropólogos** –los estudiosos de las costumbres y culturas de los humanos– y no le tomaron en serio. Es más, uno de ellos le dijo: «Sí, claro. Prueba tú a ir en balsa desde Perú a las islas del Pacífico». ¡Buena la había liado! A un aventurero como Heyerdahl no se le podía retar... ¡Porque **aceptaría el reto**! Dicho y hecho, Thor buscó a cinco hombres que lo acompañaran, con una única condición: que fueran valientes y tuvieran un talento especial útil durante la travesía.

¿TE LO CREES?

Cuando era pequeño, Thor Heyerdahl tenía fobia al agua... ¡Para que veas cómo pueden cambiar las personas!

PREPARANDO EL VIAJE

Thor y su equipo fueron hasta Perú y Ecuador para construir una **balsa con madera** del lugar e imitar a los indígenas sudamericanos. En la balsa montaron equipos de radio, sacos de dormir, raciones de alimentos de campaña, protectores solares y alimentos enlatados. ¿Sería suficiente o iban hacia una **muerte segura**?

Preparados, listos...

El 28 de abril de 1947 zarparon y tras un viaje de 101 días (¡más de tres meses!) la *Kon Tiki* encalló en un atolón (una isla coralina). Estaba deshabitada y pasaron varios días hasta que los avistaron unos nativos de la zona. Recorrieron 6980 km, a una media de 2,8 km/h. ¡Pudieron con las olas y los tiburones!

Los expertos dijeron que esa balsa (a la que llamaron *Kon Tiki*) jamás podría sobrevivir un viaje por el Pacífico. ¿Tú qué crees?

AVENTURA DE CINE

Al regresar, Heyerdahl recordó lo vivido en el libro *La expedición Kon Tiki,* que ha vendido desde entonces decenas de millones de ejemplares. En 1951 se hizo un documental... ¡y ganó **el Óscar**!

UNA CARRERA HACIA EL EVEREST

¡Juajuajua! ¡¡Voy a escalar el Everest!

PERO... ¿CUÁL ES EL MÁS ALTO?

Hasta el siglo XIX, se sabía que el Everest era uno de los picos más elevados del mundo... ¡Pero nadie sabía exactamente **cuál era el más alto**! Se decía que era el Kangchenjunga, pero... ¡eso era un poco a ojo! Solo en 1852, los ingleses averiguaron cuál era la montaña más alta y poco después la bautizaron como **Everest**... Pero en tibetano se llamaba ya Chomolungma, que significa «MADRE DEL UNIVERSO».

Hasta finales del siglo XIX, todos decían que escalar el Everest era IM-PO-SI-BLE. Vamos, como ir a una muerte segura. En 1885, al presidente del Club Alpino Británico se le ocurrió decir que ya podía intentarse. ¡¡¡Muchos dijeron que **estaba loco**!!!

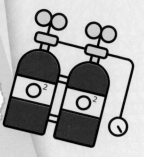

¡¡CUIDADO!!

Cuando se sube tan alto, casi no se puede respirar. Las primeras ascensiones se hicieron con botellas de oxígeno.

GEORGE MALLORY
Reino Unido
37 años
Militar y montañero

ANDREW IRVINE
Reino Unido
22 años
Explorador y montañero

LA INCÓGNITA

En 1924 se realizó una de las primeras expediciones con posibilidades reales de subir al Everest. El 8 de junio de 1924, los británicos George Mallory y Andrew Irvine, intentaron subir por la cara norte. Les quedaban pocos metros, pero se les perdió de vista. **¿Llegaron o no?** ¡Es uno de los grandes enigmas de la historia del alpinismo! En 1999 se encontró el cuerpo congelado entre la nieve, casi intacto, de Mallory. ¡Pero no ayudó a resolver nada!

¡QUÉ PASADA!

Los primeros escaladores que intentaron subir al Everest se encontraron **a un yeti**. Este se asustó muchísimo al contemplar a unos seres humanos y jamás se le ha vuelto a ver.

8 848 m

Monte Everest

Fosa de las Marianas

5 km
4 km
3 km
2 km
1 km
0
1 km
2 km
3 km
4 km
5 km

10 911 m

VA DE EXTREMOS

Si subimos al Everest, no podremos tener a nadie por encima de nuestras cabezas. Por el contrario, **el punto más bajo** de la corteza terrestre se encuentra en la **fosa de las Marianas**, en concreto en el Abismo Challenger. El Everest cabría en esa fosa, ¡y aún sobrarían dos kilómetros!

¡ENCUENTRA EL ERROR!

No sabemos si Mallory e Irvine llegaron a la cima... ¡Pero desde luego que no vieron un yeti!

Poco a poco...

UNA NUEVA EXPEDICIÓN

Tras la **Segunda Guerra Mundial** se volvieron a poner de moda las expediciones de exploración. En 1953, desde el Reino Unido se apostó por intentarlo y contrataron a los mejores alpinistas del mundo. ¿Lo lograrían esta vez?

¡Y sin llevar oxígeno, amigos!

Hay **14 montañas** que miden más de 8 000 metros. El primer hombre en escalar todas ellas fue el italiano Reinhold Messner. Subió el Everest en solitario en 1980.

LA SUBIDA

Se hizo poco a poco, para que los escaladores se fueran acostumbrando al **frío extremo** y a la **altitud**, que da muchos mareos. El 26 de mayo de 1953, dos alpinistas salieron con la intención de llegar hasta la cima... ¡Pero tuvieron que dar la vuelta a menos de 100 metros! ¡El Everest no se iba a dejar escalar tan fácilmente! El 27 de mayo, dos montañeros, llamados **Edmund Hillary** y **Tenzing Norgay**, salieron para intentarlo de nuevo. ¿Sería la definitiva?

CAMPAMENTO
BASE VIII
7925 m
21-mayo-1953

CAMPAMENTO
BASE VII
7315 m
17-mayo-1953

CAMPAMENTO
BASE VI
7010 m
4-mayo-1953

CAMPAMENTO
BASE V
6705 m
3-mayo-1953

CAMPAMENTO
BASE III
6150 m
22-abril-1953

CAMPAMENTO BASE

Sirve a los alpinistas para descansar, aclimatarse al terreno e ir dejando provisiones para la vuelta.

... ¡Cumbre!

EDMUND HILLARY
Nueva Zelanda
34 años
Apicultor y montañero

TENZING NORGAY
Nepal
39 años
Guía y montañero

¡¡¡CIMAAAA!!!
8848 m
29-mayo-1953

El 29 de mayo, a las 11:30 h, esta histórica pareja puso sus pies sobre el techo del mundo. ¡Ningún ser humano **había llegado tan alto**, literalmente! ¿Y qué hicieron? Pues tomaron unas pocas fotos y enterraron en la nieve unas pocas golosinas (¿para los siguientes?) y una cruz.

CAMPAMENTO BASE IV
6450 m
1-mayo-1953

CAMPAMENTO BASE II
5910 m
15-abril-1953

CAMPAMENTO BASE I
5455 m
12-abril-1953

«VERY WELL, VERY WELL!

La noticia llegó al Reino Unido el 2 de junio, justo el día de la coronación de la **reina Isabel II**, ¡que se puso muy contenta!

¡CUIDÉMOSLO!

En la actualidad, **miles de personas** llegan cada año al Everest, ya que no es la subida más difícil entre los ochomiles. Pero eso está provocando que la zona se llene de basura.

Viaje al ABISMO CHALLENGER

¿CÓMO LLEGAR A LO MÁS BAJO?

¿Cuál es el punto más bajo de la **corteza terrestre**? O, dicho de otro modo, ¿qué es lo contrario del monte Everest? Pues hasta 1875 nadie lo sabía. En 1872, la Royal Society of London –¡nada menos que la sociedad científica más antigua del mundo!– consiguió que el barco *HMS Challenger*, de la **Marina británica**, zarpase para investigar, por primera vez, los fondos oceánicos. Y en marzo de 1875 descubrió la Fosa de las Marianas.

El *HMS Challenger* viajó durante tres años por todo el mundo para trazar un mapa lo más detallado posible de todos los océanos. ¡Superó todo tipo de tormentas y huracanes!

El viaje duró 1290 días. Zarparon 243 personas y solo 10 murieron (muy pocos para aquellos tiempos). Dieron la vuelta al mundo y realizaron descubrimientos muy valiosos.

EVEREST (Asia) - 8 848 m

ACONCAGUA (América) - 6 962 m

KILIMANJARO (África) - 5 895 m

ELBRÚS (Europa) - 5 642 m

MONTE VINSON (Antártida) - 4 897 m
MONTE JAYA (Oceanía) - 4 884 m

CADA VEZ MÁS BAJO

Pero hasta 1951 no se descubrió la existencia de la **sima Challenger**, el punto más profundo de la fosa de las Marianas. Fue gracias al barco de la Armada Real británica *HMS Challenger II*.

¿Y ESOS NOMBRES?

El *HMS Challenger* puso el nombre de **fosa de las Marianas** porque... ¡Las islas Marianas estaban cerca! Y estas islas se llamaban así en honor a la reina de España Mariana de Austria, esposa de Felipe IV de España.

El *HMS Challenger II* denominó abismo Challenger al punto **más bajo** de la Tierra... ¡pues como homenaje a él y a su antecesor, que para eso se lo habían trabajado!

NIVEL DEL MAR - 0 m

TAIWÁN

MAR DE FILIPINAS

FILIPINAS

FOSA DE LAS MARIANAS

Guam

ABISMO CHALLENGER

PALAU

INDONESIA

La fosa de las Marianas está en pleno océano Pacífico, a unos 2 200 km de las islas Filipinas. En la actualidad, este es un paraje protegido dentro de un Monumento nacional marino de los Estados Unidos, ya que el archipiélago de las Marianas pertenece a dicho país.

¿POR QUÉ?

¿Por qué todos los barcos ingleses tienen delante las siglas HMS?

Porque significa Her Majesty's Ship, es decir, «barco de su Majestad».

ABISMO CHALLENGER (océano Pacífico) - 10 929 m

Del batiscafo al...

¡LOS MÁS OSADOS!

En 1953, el suizo **Auguste Piccard** construyó un batiscafo para dos tripulantes, con el que pretendía batir todos los récords. Lo llamó *Trieste*, ya que se construyó en Italia.

Piccard era todo un **genio del riesgo**, ¡ya que en 1931 había subido en globo hasta los 16 200 m! En 1960 encargó a su hijo Jacques la misión de emplear el *Trieste* para llegar hasta el punto más bajo de la superficie de la Tierra, junto con el oficial de la Armada estadounidense Don Walsh. ¿Estarían preparados?

¿A que Piccard te recuerda a alguien? Pues claro, porque este genio inspiró al dibujante Hergé el personaje del **profesor Tornasol**, de los cómics de *Tintín*. Y también al capitán **Jean-Luc Picard**, de la saga *Star Trek*.

A POR TODAS

Los dos valientes llegaron en enero de 1960 a la zona de la fosa de las Marianas. El 23 de ese mes decidieron lanzarse en el *Trieste* hacia donde **ningún otro ser humano** había estado jamás.

Tras cinco horas de bajada se posaron en el lecho marino a los 10 911 m de profundidad. ¡Misión conseguida, chicos! Otra marca **para la humanidad**.

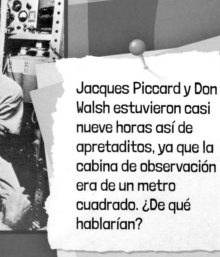

Jacques Piccard y Don Walsh estuvieron casi nueve horas así de apretaditos, ya que la cabina de observación era de un metro cuadrado. ¿De qué hablarían?

... sumergible

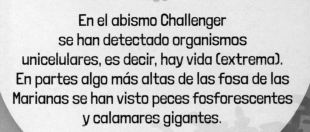

En el abismo Challenger se han detectado organismos unicelulares, es decir, hay vida (extrema). En partes algo más altas de las fosa de las Marianas se han visto peces fosforescentes y calamares gigantes.

¡1 095 atmósferas!

Si estuvieras en el fondo de la fosa, la columna de agua ejercería **una presión** de 1086 bares, es decir, más de mil veces la presión atmosférica normal al nivel del mar. Vamos, ¡que te aplastaría como tu **zapato a una hormiga**!

AVENTURA Y ECOLOGÍA

¿Has visto alguna vez las películas *Avatar* o *Titanic*? Pues su director, James Cameron, fue la siguiente persona que llegó hasta el abismo Challenger, con el **sumergible** *Deepsea Challenger* en 2012. Llegó hasta los 10 898 m. En 2019, el estadounidense Victor Vescovo llegó hasta los 10 927 m. Allí abajo encontró una **bolsa de plástico** y envoltorios de golosinas... ¡Por favor, cuidemos el planeta!

GAGARIN, primer hombre en el ESPACIO

UNA CARRERA POR EL PODER

Quizá sepas que, a mediados del siglo pasado, dos países se enfrentaban por ser **los más importantes** de la Tierra: Estados Unidos y la Unión Soviética. ¡Querían ser los primeros en todo! Y ojo, a punto estuvieron de entrar en guerra. Hacia 1950 comenzó la «Carrera Espacial», es decir, una competición entre ambas potencias para ver quién conseguía antes llegar al espacio, a la Luna, etc. ¡Estaban muy picados! Y el primer paso era poner a **una persona en órbita**, o lo que es lo mismo, que diese una vuelta a la Tierra. Todo un reto que podría acabar en éxito o en tragedia...

MI MAMÁ ME DIJO QUE LLEGASE ALTO EN LA VIDA...

Yuri Gagarin era un joven oficial del ejército soviético. Nació en 1934 en un pueblo llamado Gzhatsk, al que luego cambiaron el nombre por... ¡Gagarin! ¡Vaya homenaje! Su familia era muy humilde, pero pronto ascendió en la Fuerza Aérea Soviética por sus grandes cualidades. Con 25 años lo recomendaron para el Programa espacial de la Unión Soviética. Parecía que ese chico iba a llegar... ¡muy, muy alto!

¡ALLÁ VAMOS!

El 12 de abril de 1961, la nave espacial Vostok 1 (palabra que significa «Este») despegó del cosmódromo soviético de Baykonur. ¡Un momento emocionante! Tres, dos, uno... ¡Y **lanzamiento**! Varios cohetes cargados de combustible se encargaron de dejar a la pequeña nave Vostok -poco mayor que una bola de 2 x 2 m- en órbita.

¿VERDADERO O FALSO?

Gagarin estuvo en órbita 108 minutos y le dio tiempo a dar cuatro vueltas a la Tierra.

Falso. La nave Vostok iba rapidísimo, y dio una vuelta a la Tierra a 27 400 km/h. ¡Pero con eso era suficiente, no le pidas más!

En su punto más alto, Gagarin orbitó a 327 km de la Tierra. Después inició el descenso y a 7 000 m de altitud el cosmonauta salió despedido de la cápsula de la Vostok... ¡Y aterrizó en paracaídas! Se convirtió en un héroe, no solo para la Unión Soviética, sino para toda la Humanidad. Menos suerte tuvo en 1968, cuando pilotaba un avión de combate. Tuvo un accidente y falleció.

¿SABÍAS QUE EN RUSO «ASTRONAUTA» SE DICE «COSMONAUTA»?

Los humanos... ¡LLEGAN A LA LUNA!

CIENCIA FICCIÓN

Todos los seres humanos de la historia la han mirado con **curiosidad**, desde los que vivían en las cavernas hasta los que viven en los rascacielos. Pero... ¿llegar hasta la Luna? Eso era algo que los antiguos ni se permitían soñar y que solo fue asunto para la **ciencia ficción** en épocas más recientes.

■ Durante las grandes guerras del siglo XX se habían hecho muchos progresos en el lanzamiento de **cohetes y bombas**. Cuando acabó la Segunda Guerra Mundial, se pensó en aprovechar todos esos avances para «conquistar» el espacio.

Como sabes, dos países («superpotencias») eran los más interesados en esta carrera espacial: Estados Unidos y la Unión Soviética. Y estaban muy «picados» por ser los primeros en cualquier cosa.

¿QUÉ OS APOSTÁIS A QUE LLEGAMOS A LA LUNA?

¡EL OBJETIVO!

En 1962, el entonces presidente de los Estados Unidos, **John F. Kennedy**, dijo en un discurso por televisión: «Elegimos llegar a la Luna en esta década... No porque sea fácil, sino porque es difícil». Concretó este objetivo, y la **NASA** (la agencia encargada de todo lo relacionado con el espacio) redobló sus esfuerzos por hacerlo posible. Científicos y militares se pusieron a su servicio.

LOS APOLO

Estados Unidos había diseñado el **Programa Apolo**, destinado a hacer posible el alunizaje de una nave en la Luna. Se llevaron a cabo 10 misiones de reconocimiento antes de que el **Apolo 11** estuviese listo. Esta nave espacial iba a ser la encargada del primer intento en llegar a la superficie lunar. ¿Estarían preparados?

HELLO! **SOY ARMSTRONG**

¿QUÉ TAL? YO COLLINS

Y YO ALDRIN, BUZZ ALDRIN

Tras un largo proceso de selección, los tres elegidos para entrar en el Apolo 11 fueron los astronautas Neil Armstrong, Edwin Aldrin, y Michael Collins.

Un viajecito de unos...

DESPEGUE Y VIAJE

En la mañana del 16 de julio de 1969, despega la misión Apolo 11 desde el centro de Cabo Cañaveral, en Florida. La nave va montada en el cohete *Saturn V*, un «monstruo» de 110 m de altura... ¡cuyo ruido era **ensordecedor**! La NASA no dejó que nadie se acercase a mirar a menos de 6 km del lanzamiento... ¡por si explotaba! El cohete tenía distintas partes (con combustible) que se fueron soltando cuando quedaban vacíos. El viaje hasta la **órbita de la Luna** fue relativamente corto. Lo que más costó fue dejar el módulo de mando (llamado *Columbia*) en la órbita del satélite. ¡Estuvieron **dos días** dando vueltas a la Luna para conseguirlo!

¡ME ENCANTA EL PAISAJE!

La siguiente fase era alunizar con un pequeño aparato, el módulo lunar (llamado *Eagle*). Ahí solo entraron Armstrong y Aldrin. Collins se quedó flotando alrededor de la Luna. ¡Ya habían pasado más de cuatro días desde el despegue!

¡La emoción era máxima! ¿Podría aterrizar el *Eagle* sin estrellarse? Estaba todo planificado, incluso les ayudaba un **ordenador**, miles de veces más sencillo que cualquiera de los móviles actuales. ¡Pero lo consiguieron! La nave aterrizó con suavidad... ¡en el mar de la Tranquilidad! Recuérdalo bien: era el 20 de julio de 1969.

...768 000 km

TURISMO LUNAR

Armstrong y Aldrin estuvieron **dos horas y media** sobre la superficie de la Luna. En la Luna hay seis veces menos gravedad que en la Tierra, con lo cual pesaban seis veces menos y podían dar **unos buenos saltos** (aunque no enormes, porque su traje era pesado e incómodo). Hicieron fotografías, experimentos y dejaron la bandera de su país. Incluso pudieron hablar por teléfono con el entonces presidente, Richard Nixon. Se llevaron más de 20 kilos de rocas lunares. ¡Y se lo pasaron muy bien!

El primero en bajar del *Eagle* fue Armstrong, como estaba pactado. Fue cuando pronunció su famosa frase: «Soy el hombre que se enamoró de la Luna».

ESTUVIMOS FUERA **OCHO DÍAS, TRES HORAS, 18 MINUTOS Y 35 SEGUNDOS.** ¡MUY ENTRETENIDOS!

EL REGRESO DE LOS HÉROES

Ya el 21 de julio empezaron el regreso hacia la Tierra. ¡Y les costó! Porque hasta tres días después no consiguieron **amerizar** cerca de las islas Hawái. Les recogió del mar un portaaviones. Después, los tres astronautas pasaron juntos una **cuarentena** de 21 días por si habían traído alguna infección de la Luna y recibieron multitud de homenajes por todo el mundo: visitaron 22 países en 38 días.

¡ENCUENTRA EL ERROR!

Como bien sabes, la frase que dijo Armstrong cuando pisó la Luna fue: «Este es un pequeño paso para un hombre, pero un gran salto para la Humanidad».

FOSSEY, vivir entre gorilas

LA ETOLOGÍA

¿De veras sabemos cómo son los animales? Hasta el siglo pasado apenas nos interesamos por conocer su comportamiento, **sus costumbres**… ¡Su cultura! Porque ellos también tienen cultura. Al menos, muchos de los primates, de quienes descendemos. La etología es la ciencia que se encarga de **estudiar el comportamiento** animal. Y algunos investigadores decidieron estudiar a los animales en su medio ambiente natural. **Dian Fossey** fue una de ellas. ¡Una mujer apasionada y valiente!

SABER PARA COMPRENDER

Fossey no era zoóloga, sino que trabajaba con niños con dificultades. Amaba **ayudar a los débiles**, y eso fue lo que le sedujo para viajar a África: sabía que los gorilas estaban en peligro de extinción. Allí conoció a Louis Leakey, el mentor de Jane Goodall –otra famosa estudiosa de los chimpancés–, quien le encargó otra importante misión: **conocer en profundidad** el comportamiento de los gorilas.

¡YO QUIERO ESE TRABAJO! ¡ALLÁ VOY!

SI CONOCEMOS BIEN A LOS GORILAS, SABREMOS CÓMO ERAN LOS PRIMEROS HUMANOS.

Fossey viajó en 1966 al Congo, pero aquel país estaba lleno de peligros… y tuvo que ir a Ruanda, que tampoco era el paraíso de la calma. Pero al menos pudo trabajar con los gorilas y realizó fantásticos descubrimientos sobre su comportamiento.

¿CÓMO LO CONSIGUIÓ?

Fossey logró una **compenetración** nunca vista con los gorilas. Utilizaba el método de ensayo-error. Cada día intentaba ir un poco más allá con estos animales, hasta donde le permitían. Cuando veía que se sentían incómodos, ahí se quedaba. Así –dos pasitos adelante, uno atrás–, con **tacto y paciencia**, se fue ganando la confianza de unos animales que tenían fama de violentos... Pero que en realidad eran puro amor y cariño. Afirmó que de 2 000 horas que había estado con ellos, apenas tuvieron cinco minutos violentos. Y es que el mito de King Kong era solo eso, ¡un mito!

¿SABÍAS QUÉ?

Fossey escribió el libro *Gorilas en la niebla*, en el que relata sus experiencias con los animales. En 1988 se hizo una bonita película, con el mismo nombre.

Dian se ganó pronto muchos enemigos. ¿Quiénes? Los **cazadores furtivos**, que vivían de matar a los gorilas. Y también el gobierno de Ruanda, al que denunciaba por corrupto. Fossey intentaba que nadie molestase a «sus» gorilas y llegaba incluso a disfrazarse para asustar a los extraños. Por eso, cuando un furtivo mató a «Digit», su gorila favorito, y con quien tenía una fuerte amistad, cayó en una depresión.

En 1985, Fossey fue asesinada en su cabaña. Nunca se supo quién lo hizo. Fue enterrada en el cementerio para gorilas que ella misma creó, junto a Digit.

Primera vuelta al mundo EN SOLITARIO

MÁS ME VALE ESTAR DE BUEN HUMOR...

¡UNAS CIFRAS QUE ASUSTAN!

Seguro que conoces a Phileas Fogg, pero... ¿Y a Robin Knox-Johnston? Quizá no sepas que este navegante inglés fue la primera persona que **completó una vuelta a la Tierra**... ¡Sin escalas y en solitario! Que son nada menos que 55 000 km, ¡mucho más que la circunferencia de la Tierra! Esta es de unos 40 000 km, pero por el ecuador... Por los océanos hay que dar más vueltas.

¡UN RETO MUNDIAL!

Robin era un **apasionado del mar** desde muy joven. Se unió a la marina mercante para conocer mundo. Pasó casi 10 años navegando por los mares de todo el planeta, cuando se enteró de que se convocaba un increíble desafío. El famoso periódico británico *Sunday Times* promocionaba una carrera (**Golden Globe Race**) con unas «sencillas» bases: dar la vuelta al mundo sin ningún tipo de ayuda y sin escalas. «Pues debería ser un inglés... ¡y yo lo soy!», pensó Robin. Y se puso manos a la obra.

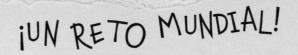

UN BARCO RESISTENTE

Knox-Johnston ya tenía un barco (llamado *Suhaili*) de 10 m de eslora (el largo de los barcos), que había construido en India siguiendo el estilo del diseñador del célebre *Fram* (ver Amundsen y el Polo Sur). A la carrera se habían inscrito **nueve navegantes** de todo el mundo, que podían salir de donde desearan entre el 1 de junio y el 28 de julio de 1968. Eso sí, tendrían que regresar al mismo punto desde donde partiesen.

Cabo Leeuwin

Cabo de Buena Esperanza

Cabo de Hornos

Robin zarpó de Falmouth (cerca de Londres) un 14 de junio. Estaba obligado a pasar por el cabo de Buena Esperanza (África), por el cabo Leeuwin (Oceanía) y por el cabo de Hornos (América del Sur).

CONDICIONES DURAS

¿Quién dijo que iba a ser fácil? Sin teléfono por satélite, con una radio que se averió al poco de zarpar, sin GPS ni radar, el **agua potable se le echó a perder**, el piloto automático se desintegró, el timón se rompió... Al pobre Robin le pasaba de todo, pero iba quemando etapas. El resto de sus adversarios, sin embargo, no eran capaces. Uno a uno, se iban retirando por diversos problemas. Solo él tenía el saber... ¡y la suerte!

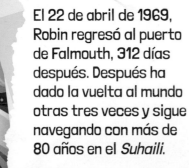

El 22 de abril de 1969, Robin regresó al puerto de Falmouth, 312 días después. Después ha dado la vuelta al mundo otras tres veces y sigue navegando con más de 80 años en el *Suhaili*.

¿SABÍAS QUE...?

La carrera nunca se volvió a celebrar, pero en la actualidad existe la Vendée Globe, con el mismo espíritu, que se celebra cada cuatro años.

La ESTACIÓN ESPACIAL internacional

UN ÉXITO CONJUNTO

Si de logros de la humanidad hablamos, puede que el más significativo sea la Estación Espacial Internacional (conocida como ISS por sus siglas en inglés). Hasta entonces, las **dos superpotencias espaciales** habían creado cada una sus propias estaciones. Pero con el fin de la Guerra Fría… ¿Por qué no unir fuerzas? ¡Todos juntos trabajamos mejor!

En la ISS colaboraron 15 países de entre los más avanzados del mundo: Canadá, Estados Unidos, Japón, Rusia y 11 naciones de Europa: Alemania, Bélgica, Dinamarca, España, Francia, Italia, Noruega, Países Bajos, Suecia, Suiza y Reino Unido. Se usa como **laboratorio de investigación** en microgravedad para estudios sobre astrobiología, astronomía, meteorología, física… ¡para muchas cosas, vamos!

¿SABÍAS QUE…?

La ISS es el objeto más caro que se ha construido nunca. ¡Eso sí, también ha dado mucho a toda la humanidad!

Pocas veces verás dos fotografías iguales de la estación. La razón es que cada pocos años se van acoplando nuevos módulos, con nuevas funciones, que llegan desde la Tierra.

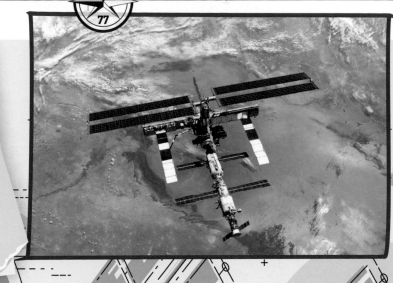

LA VIDA ARRIBA

El **agua vale oro** allí arriba, así que la orina de los astronautas se recicla: ¡se procesa y se convierte de nuevo en agua! Se utiliza champú que no necesita aclarado y la **pasta de dientes es comestible** para ahorrar agua. ¡Buena idea! Los astronautas hacen dos horas de ejercicio al día, para no perder mucha fuerza. La ISS también sirve para preparar nuevas misiones a la Luna… o a Marte. La ISS tiene previsto estar en uso hasta 2030. ¡Ya veremos qué pasa entonces!

CONVIVENCIA

El primer componente fue lanzado en 1998 y los primeros residentes llegaron el 2 de noviembre de 2000. Desde entonces, **siempre ha estado habitada**. Tiene capacidad para que convivan seis astronautas a la vez. Comer allí es un poco complicado, ¡imagínate! El agua sale volando, no hay fruta fresca… Pero las **vistas son increíbles** y, de cuando en cuando, se dan un paseo por el espacio. ¡Tiene su gracia!

EL SALTO más grande al vacío

UN NUEVO RÉCORD

¿Qué retos apasionantes quedan por hacer en el siglo XXI? ¡Muchos! Solo hay que echarle imaginación… y **quitarse el miedo**, claro. Y eso fue lo que hizo el austriaco Felix Baumgartner… ¡Sobre todo lo de quitarse el miedo! Porque decidió intentar el salto más grande efectuado hasta entonces (en 2012). Y no, no era saltar con muelles desde el principio de la escalera…

¡SALTAR ES APASIONANTE!

OTROS RÉCORDS QUE TENÍA BAUMGARTNER:
- 1999: salto BASE más bajo con paracaídas, desde el Cristo de Corcovado de Río de Janeiro (29 m).
- 2003: cruzar el Canal de la Mancha en caída libre con la ayuda de un ala de fibra de carbono.
- 2007: salto BASE más alto con paracaídas, desde el rascacielos Taipei 101, en Taipei (390 m).

EL PRECEDENTE

En 1960, el coronel estadounidense Joseph Kittinger saltó desde nada menos que 31 000 m. Pero 50 años después nadie se había atrevido a ir más allá. Así que Baumgartner, que ya era conocido por una serie de «locuras», decidió que ese iba a ser su **siguiente desafío**. Y el anciano Kittinger le ayudó con algunos consejos.

DISTANCIA DEL SALTO - 39 068 m

¿QUIÉN TIENE VÉRTIGO?

El 14 de octubre de 2012, Baumgartner se metió en en una cápsula presurizada colgada de un **globo estratosférico**. Durante más de dos horas y media estuvo subiendo hasta la estratosfera. Llegó hasta una altura de **39 068 m**, superando casi 3 000 m el reto que se había marcado. Luego abrió la escotilla de la cápsula y, sin miedo al vértigo, saltó al vacío. ¿Sabes cuánto tiempo estuvo en el aire? ¡Nueve minutos!

Baumgartner rompió la barrera del sonido, más de 1 357,6 km/h, apenas 45 segundos después de lanzarse al vacío. Estuvo cayendo sin paracaídas 4 min 19 s (el de Kittinger duró 4 min 32 s).

¿SABÍAS QUE...?

La velocidad del sonido es de 1 234 km/h, pero en la estratosfera se puede alcanzar con unos 1 110 km/h por la menor resistencia del aire.

¡EN EL AIRE ESTOY EN CASA!

Baumgartner aterrizó con suavidad en el estado de Nuevo México (Estados Unidos) y fue el primer ser vivo en romper **la barrera del sonido** sin ayuda mecánica (vamos, sin estar dentro de un avión). Pero la capacidad del ser humano **para superarse es infinita**. Un par de años después, el millonario Alan Eustace saltó desde 41 419 m.

Tiempo de vuelo libre: 4 m 19 s

ALTURA EVEREST 8 848 m

SE ABRE EL PARACAÍDAS

1 520 m

0 m

ÍNDICE